AF544267

Make your deams come true!

Vielleicht ist es morgen schon zu spät.

NEUSEELAND

mit dem Motorrad

Anreise
über Bangkok, Singapur,
Sydney und Melbourne
nach Neuseeland

INHALT

Anreise über Bangkok und Syndey nach Melbourne

Die Flugrouten 6
Stop-Over Bangkok 7
Bangkok..8
Sydney 10
Sydney nach Melbourne 12
Jervis Bay...13
Huskisson und Hyams Beach 13
Hyams Beach..13
Huskisson Bay 13
Hyams Beach nach Bega 14
Lakes Entrance und Raymond Island.................15
Raymond Island Koala Walk 15
Koala auf Raymond Island 15
Raymond Island Beach.......................................15
Port Campbell............................16
Von Lake Entrance zum 16
Wilsons Promontory National Park 16
Queenscliff / Torquay / Apollo Bay 17
Great Ocean Road „12 Apostel" Port Campbell . 18
London Bridge, The Arch, The Grotto 19
Warrnambool · Halls Gap 20
Halls Gap · The Grampians...............................21
The Grampians 22
The Grampians Pinnacle walk 22
The Grampians Pioneer Cottages 23
Ararat..24
Ballarat...25
Melbourne 26
Verkehrsschilder und Parkschilder 28
Queen Victoria - Market.....................................29
City Center, Gaffiti Lane, Brithton Beach...........30

INHALT

Neuseeland – Südinsel und Nordinsel

Neuseeland ... 35
Christchurch ... 38
Akaroa Halbinsel ... 44
Nins Bin ... 46
Ohau Lookout ... 40
Greymouth ... 50
Arthur´s Pass ... 52
Great Alpine Hwy. ... 54
Tekapo ... 56
Danseys Pass ... 58
Naseby ... 60
Moeraki Boulders ... 64
Dunedin ... 66
Tunnel Beach ... 68
Kaka Point ... 69
Cathedral Caves ... 70
Invercargill ... 72
Milford Sound ... 74
Te Anau · Douptful Sound ... 74
Te Anau · Kingston ... 76
Queenstown ... 78
Skippers Road, Arrowtown ... 80
Cardrona ... 82
BRADONA ... 84
Blue Pools ... 86
Haast ... 88
Mount Cook ... 90
Fox Gletscher und Franz Josef Gletscher ... 90
Hokitika ... 92
Pancake Rocks ... 94
Westport · Nelson ... 96
Nelson City ... 98
Split Apple Rock ... 100
Abel Tasman Park ... 102
Cape Farewell ... 104
Havelock ... 106
Picton ... 108
Wellington ... 112
Wanganui ... 114
Oakura ... 116
Mount Taranaki ... 118
Forgotten World Highway ... 120
Whangamomona ... 122
National Park Village ... 126
Tongariro Crossing ... 126
Napier ... 134
Taupo (Lake Taupo) ... 138
Wai-O-Tapu ... 140
Mittelerde ... 142
Hot Water Beach ... 144
Cathedral Cove ... 146
Mangawhai ... 148
Paihia ... 150
Waitangi ... 152
Waitangi Treaty Grounds ... 154
Cable Beach ... 156
Cape Reinga ... 158
Ahipara ... 160
Rawene ... 162
Kauri Forest ... 164
Waipu Cove · Puhoi ... 166
Auckland ... 168

Extratouren (EX): Karte Seite 172
Awatere Valley ... 174
Nevis Road ... 176

Die Flugrouten

Von Hamburg aus fliegen wir mit Lufthansa zum Flughafen München und von dort weiter mit Thai Airline nach Bangkok.
Die Stewardessen begrüßen uns in der Business Class der Boeing 777-300 mit Namen, die sie von ihrer Checkliste ablesen. Sie fragen nach unseren Wünschen für Speisen und Getränke, wann wir essen wollen und ob wir geweckt werden wollen, falls wir schlafen.
Zur Begrüßung gibt es Saft oder Champagner. Sie sind sehr um das Wohlergehen der Fluggäste bemüht. Beim Start höre ich einen alten Song von Nancy Sinatra und Lee Hazlewood. Summer Wine. Passt irgendwie richtig gut.
Der kleine Tisch neben mir hat zwar schon einige Kratzspuren, aber das Platzangebot ist sehr großzügig.
Wir fliegen in Richtung Budapest, Bukarest und über das Schwarze Meer, das Kaspische Meer, Turkmenistan, Iran, Pakistan und Indien, dann über den Golf von Bengalen nach Bangkok. Hört sich lang an – ist es auch. Reine Flugzeit mit dem Flug TG925 ca. zehneinhalb Stunden. In der Ankunftshalle in Bangkok fragen wir bei der Tourist Information, wie wir am besten in die City kommen. Man sagt uns, dass gleich am Ausgang Taxen stünden, mit denen man gut in die City käme. Wir folgen dem Rat und sind dann deutlich über eine Stunde unterwegs. Später erfahren wir, dass die Fahrt mit der Bahn sehr viel schneller und günstiger wäre. Wir genießen die Sightseeingtour. Eilig haben wir es ohnehin nicht. Zwei Tage später bei der Rückfahrt zum Flughafen nehmen wir dann doch die Bahn. Das Risiko, lange im Stau zu stehen und dann den Flug zu verpassen, ist uns zu groß.
Bangkok ist eine eindrucksvolle Stadt. Trotz des chaotischen Verkehrs finden wir uns gut zurecht. Fahren Bahn, TukTuk und mit dem

Stop-Over Bangkok

Hauptstadt des Königreichs Thailand

Boot auf den Kanälen. Und es gibt sogar Moped-Taxen. Wir beobachten an einer Bahnstation eine ganze Gruppe von Männern mit Mopeds. Als die nächste Bahn einfährt und die Leute auf die Straße kommen, gehen sie wie selbstverständlich zu den Mopeds, sprechen nur sehr kurz miteinander und dann setzt sich der Fahrgast auf den hinteren Sitz und los geht die Fahrt. Aufgrund der Art, wie Fahrer und Fahrgast miteinander umgehen, wird klar, dass es sich nicht um Bekannte handelt. Einige Mädchen setzen sich mit beiden Beinen zu einer Seite des Mopeds auf den Rücksitz, haben dann noch eine Handtasche oder Einkaufstasche dabei. Und ab geht es in das Verkehrsgetümmel. Die Stadt fasziniert auf Anhieb. Die Anzahl der Tempel scheint unendlich zu sein. Einer schöner als der andere. Oft mit sehr viel Gold geschmückt und nachts wunderschön beleuchtet.

Wer hier einen Stop-Over macht, nimmt beeindruckende Erlebnisse mit nach Hause. Wir sind sehr lange in der Nacht unterwegs. Morgen im Flieger nach Singapur und dann weiter nach Sydney können wir noch genug schlafen. Bei den Tempeln sind lange Warteschlangen, aber es geht ganz zügig voran. Mit dem TukTuk oder dem Boot auf dem Chau Phraya River oder mit der Bahn kommt man schnell durch die Stadt. Mit dem Navi auf dem Handy und der guten Beschilderung an der Bahn kommen wir sicher und schnell an unsere Ziele. Wenn man irgendwann doch nicht mehr weiß, wie es weiter geht, sind die Thailänder ausgesprochen freundlich und hilfsbereit.

Moped Taxi in Bangkok

Die Mopeds stehen an der Ampel immer ganz vorne.

Bangkok

Hauptstadt des Königreichs Thailand

Wir haben uns für Bangkok ein paar Highlights herausgesucht, die wir gerne besuchen wollten. Natürlich den Königspalast und die großen Tempelanlagen links und recht des Flusses, eine Fahrt auf dem Chau Phraya River, Essen auf dem Markt, eine Stadtrundfahrt mit dem TukTuk und der Besuch des Hard Rock Cafes. Unser TukTuk Fahrer sagt zwar immer „Yes", wenn wir etwas auf Englisch fragen, aber wirklich verstehen tut er uns nicht. Trotzdem kommen wir überall an.

Eine nächtliche Fahrt durch Bangkok ist sehr eindrucksvoll. Die Straßen sind auch zu später Stunde noch voll, aber es gibt weniger Staus. Die TukTuk Fahrer scheinen untereinander Rennen auszutragen. Nicht nur unser Fahrer meint ein ehemaliger Formel 1 Rennfahrer zu sein. Teilweise möchten wir schon zur Vorsicht mahnen, lassen es dann aber doch, weil ein anderes TukTuk mit noch höherer Geschwindigkeit an uns vorbei jagt.

Die Streetfood-Stände finden wir fast überall. Einige sehen nicht so einladend aus, andere scheinen okay zu sein. Wir essen Hähnchen und Gambas mit verschiedenen Saucen. Würmer, Spinnen und

Eingangsportal Palast in Bangkok: Unten: Marcus und der GM des HRC Bangkok. Wo immer ein HRC in der Stadt ist machen wir einen Besuch.

Tempel of Emerald Budda

andere Insekten wollen wir besser nicht probieren. Die eigentliche Motorradreise liegt ja noch vor uns. Unsere Mägen sind an dieserlei Köstlichkeiten nicht gewöhnt und wir wollen unser Glück nicht schon am ersten Abend herausfordern.

Unser Hotel liegt sehr zentral. Auf einer der höheren Etagen ist ein Swimmingpool. Von dort aus kann man einen großen Teil der Stadt überblicken. Eine Bahnstation ist direkt vor der Tür und eine Brücke geht direkt aus dem Hotelgebäude auf den Bahnsteig. So ist die Fahrt zum Flughafen sehr bequem und schnell. Den Fehler, mit dem Taxi zu fahren, machen wir kein zweites Mal. Der Check-in nach Singapur ist sehr komfortabel. Für die Business Class gibt es einen separaten Zugangsbereich, der gleich in die Lounge führt.

Maha Chetsadabodin Tempel bei Nacht in Bangkok

Unser TukTuk, das uns durch die Nacht chauffiert.

Bangkok: Der gewaltige Fluss Chau Phraya River schlängelt sich durch die 8 Millionen Einwohner zählende Stadt. Unzählig kleine Kanäle verzweigen sich im Stadtgebiet.

Sydney

Von Bangkok über Singapur

Nach kurzem Zwischenaufenthalt in Singapur landen wir in Sydney. Der Flug von Singapur nach Sydney dauert ca. 8 Stunden.
Für die Fahrt in die City stehen mehrere Möglichkeiten zur Verfügung. Auch dieses Mal wählen wieder ein Taxi und haben damit wieder den gleichen Fehler wie schon in Bangkok gemacht. Die Straße, in der unser Hotel liegt, gibt es mit gleichem Namen zweimal in Sydney. Getreu nach Murphys Law landen wir natürlich in der falschen Straße. Vor dem Privathaus merken wir, das etwas nicht stimmt. Der Taxifahrer ist sauer und würde uns am liebsten rausschmeißen. Er hat wohl noch einen anderen Termin, den er jetzt nicht wahrnehmen kann. Er bringt uns dann aber doch zu unserem Hotel. Dort gibt es wegen Straßenbauarbeiten eine Vollsperrung eines Straßenabschnittes, und wir können nicht ganz bis zum Hotel heranfahren. Wir einigen uns dann über den Preis und gehen das letzte Stück zu Fuß.

Für Sydney haben wir ein paar Tage eingeplant, um die üblichen Highlights zu besuchen. Da dieses Buch hauptsächlich Neuseeland und nur kurz die Anreise dorthin beschreiben soll, gehe ich hier nur kurz auf Sydney ein. Unsere Tour von Sydney nach Melbourne mit dem Abstecher in den Grampians Nationalpark würde alleine schon ein ganzes Buch füllen können.
Wir erkunden Sydney mit dem Fahrrad. Es gibt mehrere Anbieter. Wir entscheiden uns für die „Grünen Fahrräder", laden die „Lime" App herunter und schon geht es los. Wichtig ist es, sich bei einem Stopp abzumelden und sich für die Weiterfahrt wieder an-

E-Bikes in der City von Sydney

Blaskonzert auf dem Didgeridoo

zumelden. Wir haben eine sehr lange und gemütliche Kaffeepause gemacht und uns nicht abgemeldet. In der nachfolgenden Abrechnung haben wir das dann bereut.

Einen sehr schönen Ausblich auf Sydney hat man von dem Süd-Ost Turm der Sydney Harbour Bridge. Auf dem Turm gibt es eine Aussichtsplattform. Wer schwindelfrei ist und sich nach ganz oben wagt, kann ein Bridge Climb buchen. Mit einem Guide kann man in einer kleiner Gruppe bis ganz oben auf die Brücke klettern. Eigene Fotoapparate und Handys dürfen nicht mitgenommen werden und es wird vor dem Aufstieg ein Alkoholtest gemacht. Wer Restalkohol von mehr als 0,5 ‰ hat, darf nicht mit rauf.

Die Oper ist als bekanntestes Wahrzeichen der Stadt natürlich zu jeder Tag und Nachtzeit von Touristen umgeben. Man kann eine Innenbesichtigung buchen. Bei der VIP Tour ist sogar noch ein Frühstück dabei, sie kostet aber über 100 Euro. Rechtzeitige Buchung ist notwendig. Sehr schön ist es an sonnigen Tagen in der Umgebung von Darling Harbour. In dem Park und auf dem Spielplatz ist bis in die Nacht viel los. Touristen aus aller Welt begegnen sich hier und man kommt schnell in Kontakt. Von hier aus kann man auch Bootsfahrten und Touren in die Blue Mountains buchen.

Es stehen unendlich viele Restaurants zur Auswahl, vom Imbiss bis zum Nobel Restaurant. Wir machen natürlich beim Hard Rock Cafe eine Pause und kaufen das übliche City T-Shirt.

Am Hafen, im Darling Harbour, treffen wir einen Aborigine Musiker. Er spielt auf einem Holzohr aus einem Eukalyptusstamm. Richtig heißt es „Didgeridoo". Die Vielfalt der Töne wird mit den Lippen gesteuert. Ich habe lange klassisch Trompete gespielt und versuche mein Glück. Gemeinsam geben wir eindrucksvolle Töne in die Runde.

Sydney Opernhaus und Harbour Bridge

Richtung Süden
Von Sydney nach Melbourne

Unsere Stationen auf dem Weg vom Sydney nach Melbourne:

1 Sydney
2 Huskisson Beach Jervis Bay
3 Bega
4 Lakes Entrance
5 Wilsons Promontory Park
6 Sorrento
7 Torquay
8 Apollo Bay
9 Port Campbell
10 Warrnambool
11 Grampians National Park
12 Ballarat
13 Melbourne

Für Sydney und Melbourne haben wir jeweils 3 Tage und für Apollo Bay und Port Campbell jeweils 2 Tage eingeplant.
An einigen Stellen, zum Beispiel in Huskisson Beach, ist es am Strand so schön, dass man hier noch eine Extratag zum Baden und Faulenzen einplanen kann. Da wir in Australien bis auf Sydney und Melbourne keine Hotels vorgebucht hatten, waren wir in unserer Zeitplanung völlig frei. Nur für unseren Weiterflug nach Christchurch mussten wir rechtzeitig in Melbourne sein. Die Fahrt auf dem National Highway 1 ist sehr eindrucksvoll. Über lange Stecken geht es direkt an der Küste entlang. Teilweise fahren wir abseits des Highways auf kleineren Landstraßen. Wir haben da, wo die Straße am Meer entlang führt, Badestopps eingelegt und sind später zum Highway zurückgekehrt, um das für den Tag ausgewählte Ziel noch bei Tageslicht zu erreichen.
Die Hotels haben wir spontan ausgewählt. Wenn wir zum Abend hin in einen Ort kamen und ein schönes Hotel sahen, haben wir nachgefragt, ob ein Zimmer frei sei. Wenn das nicht klappte, haben wir über Booking.com ein Hotel in der Umgebung gebucht und sind

Seecliff Bridge bei Clifton

Ein Aborigine Musiker in Sydney Darling Harbour

Jervis Bay
Huskisson und Hyams Beach

dann dorthin gefahren. Ein Handicap bei der Buchung war häufig unserer Wunsch nach zwei Einzelbetten. Oft sind zwar Zimmer frei, haben aber nur ein Doppelbett. Letztendlich hat es aber immer geklappt. Unser erster Übernachtungsstopp ist in Huskisson in der Jervis Bay. Sehr schön ist die Gerroa Raod entlang des Seven Mile Beach National Park. Ein paar Kilometer südlich von Huskisson gelangt man an den traumhaft schönen Badestrand von Hyams Beach.

Hyams Beach

Huskisson Bay

Von Hyams Beach nach Bega

Von Hyams Beach geht es weiter in Richtung Bega, immer an der Küste entlang. Es ist hier überall traumhaft schön. Die Straße verläuft überwiegend nicht direkt an der Küste entlang, sodass man kleine Stichstraßen zum Wasser nehmen muss. Jeder kleine Abstecher lohnt sich. Jedoch braucht man unglaublich viel Zeit, wenn man andauernd Badepausen einlegt.

Von Hyams Beach nach Bega sind es nur ca. 250 km. Wir lassen uns dafür den ganzen Tag Zeit. Direkt in Batemans Bay führt die A1 „Princes Highway" über eine Brücke über den Clyde River. Von dort fahren wir weiter über Narooma nach Bermagui zu den Blue Pools direkt am Meer. Die „Pools" werden durch die Wellen, welche über die Klippen schwappen, ständig mit frischem Meerwasser versorgt. Vom Parkplatz aus gelangt man schnell zu den Pools. Als wir dort ankamen, waren nur sehr wenige Besucher dort.

Nach einem gemütlichem Bad in den warmen Meerwasserpools fahren wir weiter nach Bega und übernachten dort. Bega ist eine kleine Stadt mit den üblichen US-Restaurant Ketten wie McDonalds und KFC und einigen lokalen Restaurants.

Küste bei Bega

Am nächsten Morgen freuen wir uns schon auf unsere erste Begegnung mit freilebenden Kängurus. Wir fahren von Bega nach Merimbula und von dort weiter nach Eden. Die ganze Küste ist hügelig und grün. Wir fahren vorwiegend auf der A1. Obwohl diese Straße einer der Hauptverkehrswege ist, entspricht sie nach deutschen Verhältnissen eher einer ruhigen Landstraße. Wir fahren durch endlose Wälder, kurz vor Gipsy Point passieren wir die Staatsgrenze von New South Wales nach Victoria. Und hier in Gipsy Point sehen wir auf einer Wiese die ersten freilebenden Kängurus.

Blue Pools bei Bermangui

Kängurus in Gipsy Point Victoria

Lakes Entrance und Raymond Island

Wir gehen ganz langsam an sie heran, aber kurz bevor wir sie streicheln könnten, hüpfen sie ein paar Meter weiter. Trotzdem ein großartiges Erlebnis. Entlang einiger National Parks fahren wir auf der A1 bis Lakes Entrance weiter und übernachten dort.

Das heutige Highlight ist Raymonds Island. Von Norden kommend, fahren wir um die Jones Bay zur Fähre nach Raymond Island. Die Überfahrt dauert nur ein paar Minuten. Auf der Insel gehen wir dann gleich auf die Suche nach den Koalabären. Es gibt nur wenige Straßen. Wir machen eine kleine Rundtour und finden dann den „Koala Walk".

Hier sitzen die Koalas in den Bäumen in ca. 5 Metern Höhe, meist in Astgabelungen und sie scheinen zu schlafen. Ab und zu bewegt sich mal einer und frisst ein paar Blätter. Dann fällt einem plötzlich ein, er müsse sich mal um die nächste Generation Koalas kümmern. Er bewegt sich ziemlich zügig von seinem Baum herunter, gibt dabei deutliche Grunzgeräusche von sich und erklimmt zielbewusst den nächsten Baum

Koala auf Raymond Island

auf dem auch ein Koala sitzt. Dieser beobachtet den Störenfried und klettert etwas weiter auf den Baum hinauf. Jetzt machen beide diese Grunzgeräusche und als sie auf gleicher Höhe sind, wird für uns erst klar, wer Männchen und wer Weibchen ist. Ein kurzes Liebesspiel beginnt in den Baumkronen und ist genauso schnell wieder vorbei. Er grunzt jetzt noch lauter und macht sich zurück auf den Weg zu seinem Baum, klettert wieder in seine Astgabel und sitzt dort fast regungslos wie auch schon vor seinem kleinen Ausflug.

Raymond Island Koala Walk

Raymond Island Beach

Von Lake Entrance zum Wilsons Promontory National Park

Wilsons Promontory National Park

Wir fahren auf dem Princess Highway weiter in Richtung Süden nach Stratford und Sale, dann weiter auf dem Gippsland Highway nach Woodside. Hier kann man einen deutliche Umweg über Dutson Downs und den Golden Beach machen. Der Strand ist, wie sein Name sagt, „golden" gelb und nahezu menschenleer. Die kleine Straße auf der Landzunge Shoreline Drive trifft dann wieder auf die C496 und über sehr kleine Nebenstraßen erreicht man danach wieder die A440. Über Alberton geht es weiter nach Foster und von dort auf der C444 in den Wilsons Promontory National Park. Auf der Straße durch den Park fährt man durch dichten Urwald. Wir begegnen nur sehr wenigen Fahrzeugen. Aber auf dem Parkplatz am Tidal River ist eine ganze Menge los. Es gibt einen General Store mit kleinem Restaurant. Hier sind vorwiegend Selbstversorger mit Camper oder Zelt. Die kleinen Häuschen der „Wilson Prom Motor Huts" müssen rechtzeitig vorgebucht werden, sonst hat man keine Chance, hier eine Unterkunft zu finden. Wer gerne auf abgelegenen Wegen wandert, ist hier genau richtig. Am Eingang zum Park gibt es ein Häuschen, an dem man wohl die Eintrittskarten kaufen kann. Als wir dort eintreffen, ist aber kein Mensch da und wir fahren ungehindert durch. Der Wilson Promontory Park ist die südlichste Spitze des australischen Festlandes.

Felsen am Strand von Whisky Bay im Wilsons Promontory National Park.

Vom südlichsten Punkt Australiens geht es weiter in Richtung Westen. Auf sehr kleinen Nebenstraßen fahren wir nach Inverloch. Hier spürt man schon die Nähe von Melbourne. Wir sehen einige sehr moderne und exklusive Häuser, die auf wohlhabende Eigentümer schließen lassen. Eigentlich hatten wir vor, auf der Küstenstraße C435 nach Cape Paterson zu fahren und von dort weiter nach Philipps Island. Hier soll man am besten die kleinen Pinguine beobachten können. Aber die Zeit wird knapp und wir entscheiden

Wilsons Promomtory Park nach Queenscliff / Torquay / Apollo Bay

uns für die B460 nach Anderson und von dort weiter auf der M420 nach Tooradin. Von dort weiter bis zur B110 nach Sorrento. Hier geht die Fähre nach Queenscliff. Die Passage für Motorräder kostet

Fähre in der Abenddämmerung von Sorrento nach Queenscliff über die Ticonderoga Bay

35$, für Autos 67$. Eine Anmeldung war nicht notwendig. Wir nehmen gleich die nächste Fähre von Searoadferries. Diese fährt stündlich von morgens um 7 bis abends um 19 Uhr. Auf der ca. 40 Minuten dauernden Überfahrt sieht man mit etwas Glück Delfine. Von Queenscliff fahren wir weiter auf der C127 nach Torquay. Wir haben vorsichtshalber ein Hotel vorgebucht. Die B100 ist ab hier die „Great Ocean Road". Für viele Touristen weltweit ein „must see". Entsprechend voller sind hier die Straßen und teurer die Hotels.
Fast überall kann man bis ans Wasser heranfahren. Teilweise feiner Sandstrand wechselt sich hier mit Steilküsten ab. An vielen Stellen gibt es „Lookouts". Holzwege führen an die Küste zu den Aussichtsplattformen. An allen Look-outs herrscht reger Betrieb. Die B100, „Great Ocean Road" führt jetzt bis Apollo Bay immer an der Küste entlang.

Maits Rest Rainforest

Zwischen Apollo Bay und Glenaire führt die B100 durch tropischen Regenwald. Den „Maits Rest Rainforist Walk" sollte man unbedingt besuchen. Vom Parkplatz aus kann man direkt in den Wald gehen.

Great Ocean Road, „12 Apostel", Port Campbell

Nachdem wir den Regenwald hinter uns gelassen haben und bei Glenaire wieder die Küste erreichen, fahren wir weiter über Lavers Hill, Wattle Hill und Princetown bis nach Port Campbell. Obwohl die B100 hier die Hauptverkehrsstraße ist, entspricht sie nach unseren Vorstellungen eher einer Landstraße. An den Aussichtspunkten, speziell bei den „12 Aposteln", ist es sehr voll. An den Parkplätzen wird mit Einweisern gearbeitet, die den Ansturm der Besucher einigermaßen regeln sollen. Am Visitor Center gibt es einen Kiosk und Andenkenladen. Die Toiletten sind in einem Nebengebäude untergebracht, das man nur nach kurzer Suchaktion findet. Aber trotz der vielen Menschen aus aller Herren Länder lohnt sich der Besuch.

Menschenauflauf 12 Apostel Steilküste.

Als „12 Apostel" werden die bis zu 60 Metern hohen freistehenden Felsen an der Steilküste zwischen Port Campbell und Princetown bezeichnet. Je nachdem zu welcher Tageszeit man hier ankommt, fotografiert man zur einen Seite mit dem Sonnenlicht oder gegen das Sonnenlicht. Aber egal, Hauptsache überhaupt Sonne. Kaum zu glauben, aber auch hier ist der Himmel manchmal grau ist regnerisch. Davon sieht

12 Apostel Steilküste Castle Rock bei Port Campbell. Blickrichtung Süd-Osten.

London Bridge, The Arch, The Grotto

Blick vom Strand aus auf die Apostel.

man jedoch nirgendwo eine Foto. Wer sich hier viel Zeit lassen möchte, kann über die Gibson Steps an den Strand gelangen und aus der Ebene des Meeresspiegels die Apostel betrachten.

Wir gehen zum Parkplatz zurück und setzen unsere Reise in Richtung Port Campbell fort. Kurz hinter der Stadt liegt dann die nächste Sehenswürdigkeit: „The Arch" und die „London Bridge". Ein paar hundert Meter weiter „The Grotto". Wir haben hier an der Great Ocean Road drei Tage verbracht und hunderte von Fotos gemacht. Es ist wirklich beeindruckend, wenn man nicht nur auf die Aussichtsplattformen geht, sondern auch die Gegend zu Fuß erkundet. Manchmal sind die Menschenmengen schon nervig, aber wir sind hier ja auch Touristen und tragen selbst dazu bei, dass es so voll ist. Am nächsten Morgen geht es von Warrnambool aus ins Landesinnere und da werden wir anstatt auf Touristen nur noch auf Kängurus treffen.

London Bridge

The Arch

The Grotto

12 Apostel. Blickrichtung Nord-West.

Warrnambool · Halls Gap

Auf der B100 fahren wir von Port Campbell nach Warrnambool und sehen uns die kleine Stadt an. Unser Hotel ist gleich oberhalb des kleinen historischen Museumshafens. Am Abend ist hier im „Flagstaff Hill Maritime Village", alles sehr schön beleuchtet. Es gibt Aufführungen, die das Leben zur Zeit der Goldgräber und Walfänger zeigen.

Obwohl Warrnambool eine der größeren Städte an der Südküste am Ende der Great Ocean Road ist, ist es ein recht ruhiger Ort. Es gibt sehr viele Grünflächen, die ganze Stadt ist leicht hüglig. Selbst in der City gibt es nur zweistöckige Häuser und der Kirchturm scheint das höchste Gebäude der Stadt zu sein.

An der Küste ist der lange Sandstrand menschenleer. Es gibt unglaublich viele Parkplätze, die alle frei sind. Wir fragen uns, wann hier mal was los ist.

Warrnambool City, Saint Josephs Church

Historische Gebäude in Warnambool City, Liebig Str.

Flagstaff Hill Martime Village, Warrnambool

Warrnambool verlassen wir in Richtung Port Fairy, biegen dann nach Norden ab und erreichen die C178. Es geht meilenweit schnurgerade durch die grüne Landschaft. Die kleinen Ortschaften, durch die wir fahren, bestehen nur aus ein paar Häusern und uns begegnen nur ganz wenige Fahrzeuge. In Dunkeld geht es links auf die C216 und dann weiter auf der Grampians Rd. durch den Urwald nach Halls Gap, vorbei am Bellfield Lake. Es ist zwar erlaubt in dem See zu schwimmen, doch

Halls Gap · The Grampians

Schilder warnen vor dem extrem kalten Wasser. Die Landschaft ist unglaublich schön. Der Urwald und die Felsformationen sehen aus, als haben sie sich seit Entstehung der Welt nicht verändert. Eines unserer Highlights in Halls Gap sind die Pioneer Cottages. Der Inhaber ist auch der Betreiber der Ferienhäuser. Eines finde ich ganz besonders schön.

Besitzer, Betreiber der Pioneer Cottages: Aidan Leahy.

Ferien Cottages mit Frühstücksei inklusive.

... und im „Garten" freilebende Kängurus.

Auf dem Weg zu den Cottages: Kängurus

Stausee mit Bäumen: Lake Bellfield

Wir sprechen mit Aiden, dem Besitzer der Anlage. Er erzählt uns von den 60 Acers Land um seine Ferienhäuser herum. Überall laufen Kängurus frei herum. Einige lassen sich sogar streicheln. Morgens kann man über das Gelände gehen und sich ein frisch gelegtes Frühstücksei suchen. In dem „Redgum Log Cottage" kommt man sich vor wie ein Trapper vor 100 Jahren, mit offenem Kamin, aber modern eingerichteter Küche, mit allem was man braucht. Einkaufen kann man im nächsten General Store. Der ist ca. 10 km entfernt. Fährt man am Abend auf der C222 zum Einkaufen, leuchten einem die Augen der Kängurus im Scheinwerferlicht entgegen.

The Grampians

The Grampians Pinnacle Walk

Es gibt zwei Wege hinauf zum Gipfel der Grampians. Der leichtere „Grampians Pinnacle Walk" beginnt am Sundial Carpark. Hierher fährt man zuerst auf der C222 etwa 5 km Richtung Horsham und dann weiter auf der C218. Mitten im Wald geht die Sundial-Road ab. Der folgt man bis zum Parkplatz. Der folgende Fußmarsch zum Lookout ist zwar nur 2,1 km lang, aber wegen des steinigen und ständigen Bergauf benötigt man etwa eine Stunde bis ganz oben.

Der zweite Weg beginnt am Wonderland Carpark. Er liegt an der C222, ca. 4 km vom Visitor Center

Warnschilder wie dieses gibt es hier viele.

in Halls Gap entfernt. Hier sind es ebenfalls nur 2,1 km. Aber der Weg ist schwieriger zu gehen. Teilweise geht es über sehr schmale, in den Felsen geschlagene Treppenstufen. Kommt jemand entgegen, wird es sehr eng. Wir wählen diesen Weg

The Grampians Pinnacle Walk, Pinnacle Lookout.

und können ihn nur empfehlen. Oben angekommen, hat man einen gigantischen Ausblick.
Der Rückweg zum Parkplatz ist natürlich genauso anstrengend. Gute Schuhe mit festem Halt und

Victorias Balkonies im Grampains Nationalpark.

Getränke sollte man unbedingt mitnehmen.
Der Ort Halls Gap ist ziemlich überschaubar. Es gibt einige Restaurants und Lebensmittelläden. Einen riesigen „Halls Gap Caravan Park“ für Wohnmobile und Camper. Hier kann man auch kleine Häuschen mit Küche und Kamin mieten und sich selbst verpflegen. Überall laufen Kängurus oder Wallabys herum. Einige sind so zutraulich, dass man sie streicheln kann.

Aufstieg zu den Victorias Balkonies.

Meistens lassen sie einen aber nur auf wenige Meter heran und machen dann ein paar Hüpfer und grasen gemütlich weiter. Kängurus werden bis zu 1,80 Meter groß und die kleinere Art, die Wallabys, werden nur ca. 80 cm groß.

The Grampians Pioneer Cottages, mein Lieblingshaus.

Ararat

Von Halls Gab nach Ararat

Auf dem Weg nach Melbourne fahren wir erst auf der C222 nach Ararat. Auch diese kleine Gemeinde wurde zur Zeit des australischen Goldrausches um 1857 zu einer reichen Stadt. Die frühere Stadthalle, erbaut 1899, zeugt von dem einstigen Reichtum. Heute sind der Tourismus und die Landwirtschaft mit Rinder- und Schafzucht sowie der Weinanbau die Säulen der Wirtschaft. Wir sehen uns die schönen Gebäude an und machen eine Kaffeepause. Dann fahren wir auf der A8 nach Beaufort. Das hört sich etwas nach Autobahn an, ist es aber nicht. Doch die Fahrt geht nicht besonders spannend schnurgerade durch flaches Land.

Zeugnis einer glorreichen Vergangenheit.

Ararat Town Hall mitten in der Stadt.

Einfach mal laufen lassen. Kilometerweit nur geradeaus auf der C216 nach Halls Gap.

Ballarat

Von Ararat nach Ballarat

Ballarat ist schon die deutlich größere Stadt. Man merkt, dass es nach Melbourne nur noch 120 km sind. Hier war auch der Goldrausch um 1854 der Grund für 40.000 Zuwanderer, die sich im Ort niedergelassen haben, z.T. aus Australien selber, aber auch viele aus China. In Ballarat wurde ein Nugget mit einem Gewicht von 62,85 Kg gefunden, heute ein Wert von über 2 Millionen Euro. Davon kann man schon ein schönes Moped kaufen. Die restaurierte Goldgräber-Museumsstadt mit dem Namen „Sovereign Hill" kann am Sovereign Hill Historical Park besichtigt werden. Hier hat man auch die Möglichkeit, eine alte Goldmine zu besuchen.

Historische Gebäude an der Sturt Street C 805.

Sturt Street, die Haupteinkaufs- und Restaurantstraße.

Historische Häuserzeile in Ballarat.

Melbourne

Von Ballarat nach Melbourne zum Sightseeing

Melbourne ist definitiv eine der schönsten Städte Australiens. Wir hören das auch von vielen anderen Weltenbummlern. Die ca. 4.5 Millionen Einwohner der Stadt kommen aus aller Herren Länder. Trotz der vielen Einwohner hat man in Melbourne relativ viel Platz. Nicht gerade in der City, denn hier ist es genauso voll wie in allen anderen Metropolen auf der Welt auch. Aber Melbourne hat nur ca. 535 Einwohner je km^2. Berlin dagegen hat 4.088 Einwohner je km^2.

Ein großer Teil der Zuwanderer kam um 1854 in die Gegend, als in Ballarat große Mengen Gold gefunden wurden. Das Stadtbild von Melbourne zeigt sich hochmodern und geschichtsverbunden zugleich. Wolkenkratzer mit Glasfassaden befinden sich auf der Südseite des Yarra River. Zahlreiche Brücken überqueren den Fluss. Gleich auf der anderen Seite des Flusses befindet sich der historische Bahnhof und die St. Paul´s Cathedral. Entlang der Uferpromenade am Victoria Harbour befindet sich ein Restaurant neben dem anderen und alle sind sehr gut besucht. Mit der Straßenbahn No. 35 (City Tram) darf man kostenlos innerhalb des Citybereiches

Melbourne Skyline.

fahren. Besser kommt man nicht durch die Innenstadt. Einige der großen Parks sind sehr sehenswert. Im Carlton Garden befindet sich das Royal Exebition Building, ein beeindruckendes Gebäude von 1880. Zu der Zeit war es das größte Gebäude Australiens. Im Fitzroy Garden befindet sich das Cook Cottage, das Haus der Eltern von James Cook. Es wurde in England abgebaut, hierher transportiert und wieder aufgebaut.

Kostenlose Tram 35 in der City von Melbourne.

Fußgängerbrücke über den Yarra River bei Nacht.

Melbourne Bahnhof bei Nacht.

Melbourne

Verkehrsschilder und Parkschilder

Etwas ungewöhnlich sind die Verkehrsschilder, die den abbiegenden Verkehr regeln. Nachdem wir uns inzwischen schon ganz gut an den Linksverkehr gewöhnt haben, tauchen jetzt diese Schilder auf.

An einer Kreuzung steht das „Safety Zone" Schild. Will man nach rechts abbiegen, stellt man sich in der links abgehenden Straße vor die dort wartenden Fahrzeuge und wartet, bis die Ampel für den kreuzenden Verkehr grün wird. Klingt kompliziert, aber wenn man es ein paar mal gemacht hat, fühlt es sich nicht mehr so falsch an.

Ähnlich kompliziert erscheinen die Schilder, die das Parken regulieren. Zuerst haben wir überhaupt keinen Plan. „C" bedeutet Clearways. Hier werden abgestellte Fahrzeuge in der Zeit von 7 bis 9:30 abgeschleppt. Nach links gilt wegen der „Bus Zone" ebenfalls Parkverbot. Nach rechts darf eine halbe Stunde geparkt werden, aber nur in der Zeit von Montags bis Freitags von 9:30 bis 18:30 Uhr und am Samstag von 7:30 bis 18:30 Uhr. In der Zeit von Montag bis Samstag darf von 6:30 bis 20:30 für 2 Stunden geparkt werden. Alles klar? Oder doch nicht? Oder was? Die Parkgebühren können an einer „parking

Queen Victoria - Market

Lobster aus Queensland

Dreagon fruit white

Australisches Black Angus Rinderfilet

machine" mit Creditkarte oder per Handy über „PayStay" bezahlt werden. Je Stunde kostet es ca. 7 AUS$. Auf der Internet Seite: www.melbourne.vic.gov.au/parking erfährt man mehr.
Wir haben uns für das Parkhaus im Hotel entschieden und alles zu Fuß oder mit der kostenlosen Tram erreicht. Ein weiteres Highlight in Melbourne ist der Victoria Market mit all seinen exotischen Früchten, Lobster mit grün-blau schimmerndem Panzer und Black Angus Fleisch, das im Vergleich zu unseren Preisen in Deutschland sehr günstig verkauft wird.
Es werden auch Textilien und Haushaltsgeräte angeboten. Hier kann man sich einige Stunden aufhalten.
Der Eureka Tower ist das höchste Gebäude Melbournes. In ca. 40 Sekunden erreicht man mit dem Fahrstuhl die Besucherplattform im 88. Stockwerk. Besonders bei klarem Wetter ist die Aussicht auf den Sonnenuntergang unglaublich beeindruckend. Aber es ist auch sehr voll hier oben.

Links: Eureka Tower (297,3 Meter Höhe) am Yarra River.
Unten: Eureka Skydeck im 88. Stock.

Melbourne

City Center, Graffiti Lane, Brighton Beach

In Melbourne bleiben wir zwei Tage. Die Stadt hat wirklich viel zu bieten. Aber wir freuen uns auch schon auf Neuseeland, unser eigentliches Ziel der Reise.
Die Stadt bietet alles, was das Herz begehrt. Besonders die Bars und Restaurants am Yarre River haben es uns am Abend angetan. Hier trifft sich anscheinend die ganze Stadt: unglaublich viele junge Leute, Touristen, Austauschschüler und Studenten. Die internationalen Ketten sind hier genauso vertreten wie in anderen Großstädten. Aber es gibt auch besondere Ecken. Zum Beispiel die „Hosier Lane", eine kleine Straße, in der die Hauswände komplett mit Graffiti bedeckt sind. Gleich um die Ecke in der Flinders Lane, gibt es das Café Brunetti mit sehr viel und

Skyline in Melbourne City.

Die Straßenbahn innerhalb der City von Melbourne ist kostenlos. Das gilt auch für Touristen.

super leckerem Kuchen. Das Café geht in ein Restaurant über, in dem man auch frühstücken oder Hauptgerichte essen kann. Ein Geheimtipp ist es nicht. Hier ist immer viel los. Nachdem wir viel von der City gesehen haben und eine lange Nacht hinter uns liegt, ist es Zeit für einen Tag Erholung. Wir fahren bei den Docklands auf die 55 in Richtung Süden nach South Melbourne. Sie führt automatisch auf die 50 und dann weiter auf der State Route 33 in Richtung St. Kilda Beach. Hier geht es ein gutes Stück an der Küste entlang. Unmittelbar neben dem Brighton Beach Life Saving Club gibt es einen Parkplatz. Autofahrer müssen ein Parkticket kaufen. Mit den Motorrädern kann man sich aber auch in eine der Seitenstraßen stellen. Der Strand ist hier gut besucht. Die „Boxes" sind Privatbesitz und können nur von den Eigentümern genutzt werden. Viele haben hier ihr Surfbord, Campingstühle und Badeutensilien verstaut. Der Sand ist fein, das Ufer geht flach ins Meer über, es ist angenehm warm, um 24 Grad. Ein schöner letzter Tag in Australien zum Ausspannen.

Yarra River bei Nacht mit Sandridge Fußgängerbrücke.

Grafiti Street in Melbourne: Hosier Lane.

Brighton Beach Boxes. Am Strand südlich von Melbourne

Bye-Bye Melbourne

Herrlicher Blick auf Melbourne. Abflug von Melbourne nach Christchurch.

Ankunft in Christchurch auf der Südinsel Neuseelands.

Der Flug von Melbourne nach Christchurch dauert etwa 3 Stunden 25 Minuten. Zu der Flugzeit ist noch die Zeitverschiebung von 2 Stunden hinzuzurechnen. Unser Flug startete um 18:55 Uhr in Melbourne und um 00:20 Uhr sind wir in Christchurch gelandet.

Gleich nach der Ankunft im Flughafengebäude von Christchurch suchen wir den Spark Mobile Phone Shop. Die Firma Spark soll über das beste Mobilfunknetz Neuseelands verfügen.

Wir kaufen uns Prepaid SIM-Karten für ca. 25.– Euro. Diese wurden gleich von der freundlichen Verkäuferin eingesetzt. Wir machen einen ersten Test und rufen uns gegenseitig an. Es funktioniert auf Anhieb. Die verschiedenen Angebote umfassen unterschiedliche Gesprächs- und Download-Volumen. Wir hatten fast überall Netzverbindung. Sowohl das Download-Volumen als auch das Gesprächsvolumen haben wir nicht vollständig aufgebraucht.

Neuseeland

Tourverlauf Südinsel:

(1) Die Neuseeland Tour beginnt in Christchurch und wir besuchen die Akaroa Halbinsel.
(2) Kaikura
(3) Blenheim
(4) über Inangahua/Reefton nach Hanmer Spings oder alternativ Awatere Vally Rd.
(5) Hanmer Spings und wieder nach Christchurch (1).
(6) Tekapo
(7) über den Danseys Pass nach Palmerston
(8) Palmerston
(9) Dunedin
(10) Kaka Point
(11) Bluff
(12) Invercargill
(13) Douptfull Sound
(14) Millford Sound
(15) Te Anau (evtl. Nevis Rd.)
(16) Queenstown
(17) Arrowtown
(18) Cardrona
(19) Wanaka
(20) Haast
(21) Fox Gletscher
(22) Franz Josef Gletscher
(23) Hokitika
(24) Greymouth
(25) Westport
(26) Nelson
(27) Abel Tasman Park
(28) Cape Farewell
(29) Havelock
(30) Picton

Neuseeland

Süd- und Nordinsel

Hier beginnt unsere Neuseelandreise:
Neuseeland besteht aus zwei Hauptinseln, der Nordinsel und der Südinsel. Beide sind durch eine Fährverbindung zwischen Picton auf der Südinsel und Wellington auf der Nordinsel miteinander verkehrstechnisch verbunden. Wellington ist die Hauptstadt Neuseelands.
Neuseeland liegt im Südpazifik, ca. 2000 km östlich von Australien. Eine Fährverbindung zwischen Australien und Neuseeland gibt es nicht. Jedoch gibt es zahlreiche Flugverbindungen.
Die größte Stadt Neuseelands ist Auckland mit ca. 1,5 Millionen Einwohnern. Gegründet wurde Auckland um 1350 von den Maori, den Ureinwohnern Neuseelands unter dem Namen Tamaki Makaurau. Erst 1840 wurde der Stadt vom englischen Gouverneur William Hobsen der Name „Auckland" gegeben. Dieser benannte die Stadt zu Ehren von Lord Auckland, dem britischen Admiral und Generalgouverneur von Indien (1835 – 1842). Auckland Council ist die bis heute am dichtesten besiedelte Region Neuseelands.
Neben den beiden Hauptinseln gibt es noch etwa 700 weitere kleine Inseln.
Neuseeland befindet sich auf der Südhalbkugel, deswegen „down under". Die Zeitverschiebung zu Deutschland beträgt 12 Stunden. Fast dreiviertel der ca. 4,2 Millionen Einwohner Neuseelands leben auf der Nordinsel und die meisten davon in der Gegend von Auckland. Die Region Auckland ist mit gut 1,3 Millionen Einwohnern die mit Abstand am dichtesten besiedelte Stadt Neuseelands. Die Hauptstadt Wellington ist mit über 210.000 Einwohnern nach Auckland und Christchurch die drittgrößte Stadt Neuseelands.

Das Klima Neuseelands ist gemäßigt zwischen 10 Grad im Süden und 16 Grad im Norden. Hier ist alles andersrum als bei uns in Deutschland. Ist zu Hause Winter, ist hier Sommer. Ist es in Neuseeland mittags 12 Uhr, ist es in Deutschland nachts 24 Uhr. Will man ins Warme fahren, fährt man nach Norden und fährt man in den Süden, wird es kälter. Also alles leicht zu verstehen.
Selbst der Straßenverkehr ist anders, hier in Neuseeland gilt Linksverkehr. Aber da die Autos auch das Lenkrad auf der „falschen" Seite haben, fällt einem die Umstellung leicht. Beim Motorradfahren helfen kleine Hinweise an den Spiegeln: „Drive Left". Dazu weisen an sehr vielen Abbiegungen und an Kreisverkehren Pfeile auf der Straße den richtigen Weg.

Tourverlauf
Südinsel

South Island

Tasmanische See

Cape F
Pu
Karc
Westpc
Pancace Rocks
Greymouth
Hokitika
Franz Josef 22
Fox Gletscher 21
Haast 20
19
6 Te
Mt. Aspiring N.P.
Wanaka
18
Milford Sound 14
17
7
Queenstown 16
8
Douptful Sound 13
15
Te Anau
9 D
Fjordland N.P.
10
Ne
12
11
Invercargill
Kaka Pc
Bluff

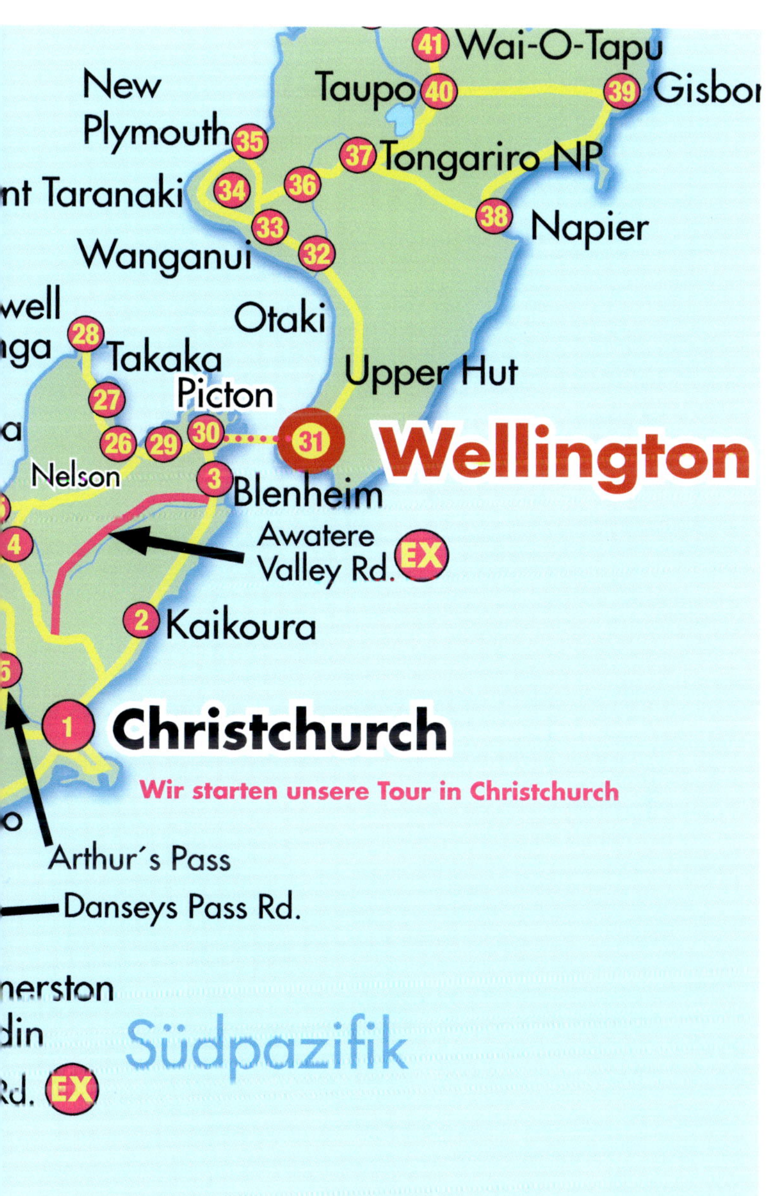

41 Wai-O-Tapu
New Plymouth 35
Taupo 40
39 Gisbor
37 Tongariro NP
nt Taranaki
34
36
33
38 Napier
Wanganui
32
well
Otaki
28
Takaka
Upper Hut
27
Picton
26
29
30
31 Wellington
Nelson
3 Blenheim
4
Awatere Valley Rd.
EX
2 Kaikoura
1 Christchurch
Wir starten unsere Tour in Christchurch
Arthur´s Pass
Danseys Pass Rd.
Südpazifik
EX

Christchurch

Kiwi Motorcycles

Unsere Neuseeland-Rundreise beginnen wir in Christchurch.
Die Motorräder haben wir bereits einige Monate vor der Reise bei MOVE Reisen, Pascale Burbacher in Leingarten in Deutschland gemietet. Die zeitliche Abstimmung der Flüge und der Zeit, in der man bestimmte Motorräder fahren möchte, sollte man sehr rechtzeitig vornehmen. Es steht zwar eine große Anzahl von Motorrädern zur Verfügung, aber es sind auch weltweit Kunden auf der Suche nach dem richtigen Bike. Pascale ist allerbestes mit Allen und Andrea von Kiwi Motorcycles vernetzt. Mit ihr haben wir auch alle Einzelheiten im Vorwege geklärt.
In Christchurch angekommen, werden wir mit dem Taxi vom Hotel abgeholt und direkt zur Vermietstation nach Leithfield, ca. 40 km nördlich von Christchurch gebracht. Andrea und Allen sind die Besitzer der Firma Kiwi Motorcycles und erwarten uns schon. Die Motorräder stehen bereit und wir müssen nur noch unsere Reisekoffer auspacken und die Taschen für die Motorrad-Seitenkoffer und das Topcase packen. Unsere mitgebrachten BMW Taschen passen in die Koffer. Wir hatten zuhause schon mal zur Probe gepackt. So ist das Umpacken schnell gemacht. Wir lassen unsere Koffer mit den Utensilien, die wir nicht auf der Tour benötigen, bei Kiwi. Während unserer Tour werden die Koffer nach Auckland gebracht und stehen uns dort für unseren Rückflug wieder zur Verfügung. Die Übergabe der Motorräder ist schnell gemacht. Ein paar Kratzer oder leichte Beschädigungen an den Bikes werden von uns fotografiert und auf dem Mietvertrag eingetragen, nur damit es bei der Rückgabe keine Diskussionen darüber gibt, ob die Schäden schon da waren oder nicht.

Übernahme der Motorräder bei KIWI Mortorcycles Christchurch – Foto von der Kiwi Motorcycles Internetseite.

Allen, Marcus und Andrea. Übergabe der Motorräder bei Kiwi Motorcycles.

Die City von Christchurch haben wir von unserem Hotel aus erkundet. Hierfür haben wir uns zwei Tage Zeit genommen. Je nach eigenem Ermessen und Plänen könnte man noch weitere Tage einplanen. Sehenswert sind die historischen Gebäude, vor allen die Christchurch Kathedrale, die bei dem Erdbeben von 2011 schwer beschädigt wurde. Unsere Taxifahrerin erzählt uns, dass sie an jenem Tag, als sich das Beben am 22. Februar 2011 gegen Mittag ereignete, gerade mit einem Fahrgast durch die City fuhr. Das ganze Auto wurde so stark durch das Beben hin und her geschüttelt, dass sie sich krampfhaft am Lenkrad festhalten musste. Alle losen Dinge im Auto seien durch die Gegend geflogen.

Heute ist es ruhig, aber den Einwohnern steckt dieses Erlebnis noch tief im Gedächtnis. Man spürt es, mit welcher Intensität sie davon berichten. Es gibt viel zu sehen: Wir gehen durch den Hagley Park mit dem Botanischen Garten, vorbei am Cantebury Museum in Richtung Christchurch Cathedral Sqare zum Einkaufszentrum

Allen, Heino und Andrea. Kiwi Motorcycles, Kaikoura.

Endlich auf den Straßen Neuseelands unterwegs.

Christchurch

City Tour

Cathedral Junction. Durch dieses Gebäude fährt die Tram (Straßenbahn) mit dem berühmten Tram-Restaurant.

Wer hier mitfahren und essen möchte, sollte rechtzeitig vorher buchen. Die alten Sitzbänke und die Tische sind sehr schön hergerichtet. Es ist wie eine Reise in die Vergangenheit. Vor der elektrischen Straßenbahn fuhr bereits 1880 eine Pferdebahn durch Christchurch. Die elektrische Tram wurde 1905 eingeführt.

Wir sprechen darüber mit Duncen, dem Schaffner. Er sieht aus, als wäre er Zeitreisender aus der Jahrhundertwende. Mit viel Liebe zu seinem Job zeigt er uns die technischen Details.

Das Personal ist während der Restaurantfahrt ausgesprochen freundlich und das Essen wird mit sehr viel Sorgfalt vorbereitet. Für die, die kein Ticket mehr für den Restaurantwagen bekommen konnten, gibt es die Möglichkeit, eine Stadtrundfahrt mit der Tram zu machen. Das Ticket ist für den ganzen Tag gültig. An allen

Marcus mit dem City Tour Schaffner Duncen an der Haltestelle in der City von Christchurch.

Einfahrt der Tram in das überdachte Einkaufszentrum im Zentrum von Christchurch.

Aufwendige Vorbereitung des Menüs im Restaurantwagen.

Hier werden die Gäste für die Tour begrüßt und die Tickets kontrolliert.

Haltestellen kann man aus- oder einsteigen. Auf diese Weise kann man sehr gut viele der Attraktionen der Stadt erkunden, aber auch zwischendurch in einem der vielen Restaurants essen gehen.

Historischer Restaurant Wagon, City Tram Christchurch.

Christchurch

City Tour

Verlässt man das Cathedral Junction Einkaufszentrum in Richtung Norden, kommt man auf die New Regent Street. Obwohl es eine Fußgängerstraße ist, fährt die Straßenbahn auch hier hindurch. Ein ansprechendes Restaurant reiht sich an das nächste. Wir entscheiden uns für das Casa Publica am Ende der Straße, ein Restaurant mit spanischem Flair und sehr gutem Essen. Der Rundgang durch die City führt uns an dem sehr schönen historischem Gebäude des Haritage Hotel vorbei. Am Avon River entlang geht es zum South Hagley Park, um dann den Botanic Garden zu erreichen. Der Eintritt dazu ist frei. Im „Quake City" Museum kann man sich über die Auswirkungen des Erdbebens informieren. Das sehenswerte „Canterbury Museum" wurde von dem deutschen Geologen Julius von Haast gegründet. Es befindet sich in einem monumentalen Gebäude an der Rolleston Avenue. Auch hier ist der Eintritt frei. Unter anderem ist eine Ausstellung über die Antarktis zu sehen.

Heritage Hotel mit O.G.B Cocktail Bar.

Blick in die New Regent Street, mitten in Christchurch gelegen, mit vielen Restaurants.

Die Kathedrale von Christchurch, zum Teil bei dem Erdbeben von 2011 zerstört.

Für Flugzeugfans gibt es das „Air Force Museum", in dem verschiedene Flugzeuge ausgestellt sind, vom historischen Doppeldecker über eine alte Douglas C-47 Dakota bis zur Kampfjet McDonald Douglas Skyhawk. Sogar ein altes deutsches Segelflugzeug, eine Schleicher K-4 aus den 1950ern, ist zu sehen. Auch hier ist der Eintritt wieder frei. Bei allen Museen wird um eine freiwillige Spende gebeten.

Die zerstörte Cathedral soll wieder aufgebaut werden. Ein Schild am Zaun gibt Hinweise.

Der Avon River fließt mitten durch Christchurch.

Beeindruckendes Bild an der Hauswand.

Akaroa

Halbinsel, südöstlich von Christchurch

Von Christchurch City fahren wir in Richtung Süden, denn wir wollen uns die Akaroa-Halbinsel östlich der Stadt ansehen. Auf der SH-75 geht es über TaiTapu, Motukarara, Ataahua und Little River nach Akaroa. Hier machen wir Pause für ein leckeres zweites Frühstück. An der Beach Rd. liegt ein Restaurant neben dem anderen.

In Akaroa hatten wir eigentlich vor, auf das Meer hinaus zu fahren, um mit Delfinen zu schwimmen. Doch das Wetter macht uns einen Strich durch unser Vorhaben.

Es regnet wie aus Eimern. Der Ort Akaroa hat an der Beach Rd. eine sehr schöne Promenade direkt an der Bay. Es gibt viele Geschäfte, Restaurants, Bars und Hotels. Hier kann man auch die „Swimming with Dolphins Tour" buchen. Kosten pro Erwachsenen ca. 175.- Dollar, inklusive Neoprenanzug, Taucherbrille und heißer Getränke. Die wild lebenden Hector Delfine gibt es ausschließlich in Neuseeland. Sie

Akaroa Halbinsel: Traumhafte Aussicht über die Bay.

Akaroa Halbinsel, Blick auf die Bay und die Berge.

schwimmen dort um die Touristen herum als wollten sie mit den Menschen spielen. Der Werbefilm von Black Cat Crouses zeigt das sehr anschaulich.

Dann geht es weiter östlich durch die Berge auf der ***Tourist Drive 1***. Die in

Halbinsel südöstlich von Christchurch.

der Karte grün eingezeichnete Route. Sie führt über Pigeon Bay, Port Levy, Diamond Harbour, Governors Bay bis Lyttelton.

Es ist eine wunderschöne, einsame Landstraße mit großartigen Ausblicken. Bei Lyttelton geht es auf die SH-74. Auf ihr umfahren wir die City von Christchurch an der Ostküste und treffen wieder auf die SH-1. Das nächste Ziel ist Kaikoura, ca. 200 km nördlich von Christchurch. Wir suchen uns ein Hotel und anschließend ein gutes Restaurant.

Das Restaurant „The Whaler" bietet Schutz vor Regen.

„The Whaler Bar und Restaurant" in Kaikoura ist genau das Richtige. Draußen regnet es wieder wie aus Eimern. Aber jetzt haben wir es trocken und gutes Essen.

Hier starten die „Dolphin Swimming Tours" in Akaroa.

Nins Bin
Shelly Riddell

Auf der SH-1 fahren wir von Leithfield, wo wir die Motorräder übernommen hatten, in Richtung Norden. Über lange Strecken führt die Straße direkt am Pazifik entlang. Unser erstes Ziel ist das „Nins Bin". Der kleine Container zwischen der Hauptstraße und dem Pazifik kann schnell übersehen werden. Landeinwärts verläuft die Bahnlinie, zum Wasser hin sind Felsen, links und rechts des Containers ein paar Pflanzen. Es gibt Parkmöglichkeiten davor. Neben dem Container steht eine etwas verwitterte Sitzbank, ein altes Ruderboot daneben. Tiefer Kies ist vor dem Eingang. Als wir ankommen ist es gerade etwas ungemütlich. Der Wind weht kalt und heftig. Die Inhaberin des „Nins Bin" ist Shelly Riddell. Sie sitzt im Auto neben dem Container und liest in einem Buch. Heute ist wenig los. Als sie uns kommen sieht, steigt

Shelly Riddell serviert unsere Langusten

„Nins Bin", Family Operated Since 1977.

sie gleich aus dem Auto und geht in den Container. Hier liegen in einer Kühlbox eine ganze Menge frische Langusten. Wir suchen uns jeder eine aus und Shelly beginnt sofort mit der Zubereitung. Ein paar Minuten später werden sie mit Zitrone und Pommes Frites serviert. Shelly erzählt, dass schon ihr Großvater Langusten gefischt habe. Und so lange werden die hier auch schon verkauft. Wir genießen unser Essen auf der kleinen Fensterbank im Container. Draußen ist es zu kalt und windig. Wenn Shelly alles verkauft hat, schließt sie ihren Laden. Dann gibt es erst am nächsten Morgen wieder Essen im „Nins Bin". So läuft das hier. Nichts aus der Gefriertruhe. Alles frisch zubereitet. Neben den Langusten gibt es noch Flusskrebse, Muscheln und Beerbattered Chips. Echt lecker!

Auf der Fensterbank mit Pazifik Blick wird gegessen.

Tagfrische Langusten. Auf jeder steht der Preis.

Das Tagesangebot an Speisen auf einer Kreidetafel.

Shelly Riddell mit Marcus vor dem „Nins Bin" Container.

3 Ohau Lookout

Robben Felsen und weiter nach Blenheim

Vom „Nins Bin" fahren wir nur 4 km weiter nordwärts zum Ohau Outlook. Das Verkehrsschild ist für uns eher ungewöhnlich: Vorsicht Robben NEXT 4 km. Auf den Felsen tummeln sich unglaublich viele von ihnen. Einige Kilometer weiter gibt es feinen Sandstrand, aber die Robben mögen die Felsen offensichtlich lieber. Erstaunlich, dass sie sich trotz des Wellengangs beim Hoch- und Runterspringen nicht verletzen.
In diesem Bereich der SH-1 werden gerade Straßenbauarbeiten durchgeführt. Daher ist der Zugang zu dem Ohau Wasserfall nicht zugänglich. Hier kann man sonst jungen Robben beim Spielen zusehen. Der Ohau Point Carpark ist ausgeschildert und liegt unübersehbar direkt an der SH-1. Wir fahren auf der SH-1 weiter in Richtung Norden. Kurz hinter Seddon überqueren wir den Awatere River. Nach etwa zwei

Straßenschild bei Ohau: Vorsicht Robben next 4 km.

Robben ohne Ende tummeln sich hier am Ohau Point auf den Felsen.

km geht es links weiter auf die Awatere Valley Rd. Die Fahrt auf dieser Tour ist im Kapitel (EX) – Awatere Valley – ab Seite 174 des Buches beschrieben. Auf der SH-1 cruisen wir jetzt weiter bis Blenheim.
Blenheim gehört zum Distrikt Mar-

lborough. Dies ist ein bedeutendes Weinanbaugebiet mit über 23.000 ha Anbaufläche. Mit über 2.400 Sonnenstunden pro Jahr zählt Blenheim zu den sonnenreichsten Regionen Neuseelands. Wir haben genau diese Stunden verpasst und fahren prompt in eine riesige schwarze Wolke hinein. Zum Glück regnet es nur kurz, dafür jedoch

Weinreben kurz vor Blenheim.

sehr heftig. Blenheim ist eine Kleinstadt, in der man alles kaufen kann, was man benötigt. Hier besuchen wir die Supermarktkette „New World" das erste Mal. New World wurde daraufhin auf der gesamten Tour zu unserem Lieblingsladen, um Vorräte aller Art zu kaufen. Das „Omaka Aviation Heritage Center" in Blenheim ist ein privates Flugzeugmuseum. Hier werden Kampfflugzeuge aus dem Ersten und Zweiten Weltkrieg ausgestellt. Wir bleiben über

Sehr lustig, die Hinweisschilder: „Please slow down my Dad / Grandad works here".

Nacht, um am Abend den regionalen Wein zu testen. Auch wichtig, sagt Heino!

Sonnenstunden verpasst. Kurzer heftiger Regenschauer.

Von Blenheim nach Greymouth über die Landstraße oder alternativ durch das Awatere Valley.

Greymouth

Über Greymouth zum Arthurs Pass

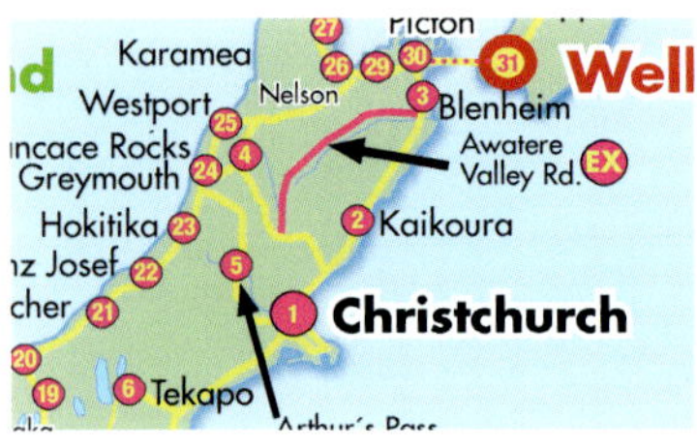

Brücke über den Ahaura River SH-7 bei Ahaura.

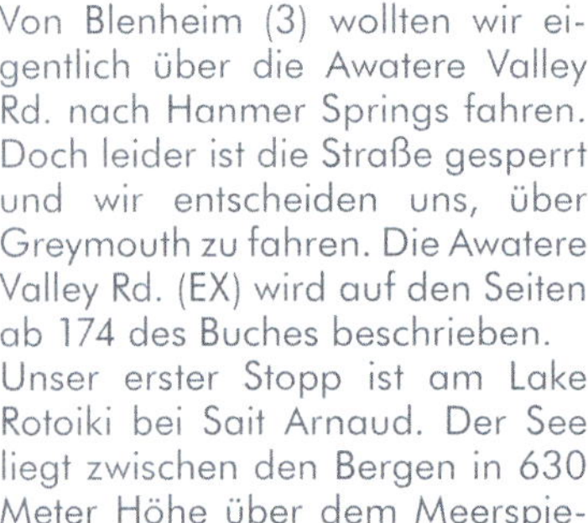
Von Blenheim (3) wollten wir eigentlich über die Awatere Valley Rd. nach Hanmer Springs fahren. Doch leider ist die Straße gesperrt und wir entscheiden uns, über Greymouth zu fahren. Die Awatere Valley Rd. (EX) wird auf den Seiten ab 174 des Buches beschrieben.
Unser erster Stopp ist am Lake Rotoiki bei Sait Arnaud. Der See liegt zwischen den Bergen in 630 Meter Höhe über dem Meerspiegel. Der Ort ist sehr klein und entsprechend einsam ist es. Der nächste Stopp ist an der Buller Georg Swingbrige. Hier kann man auf Neuseelands längster Hängebrücke den Buller River überqueren. Sie ist 110 Meter lang und 19 Meter hoch. Es wackelt ordentlich, wie man es von so einer Hängebrücke erwarten kann. Wem das noch nicht reicht, kann auf dem

Lake Rotoiki an der SH-63 bei Saint Anaud.

Fluss mit dem Jet-Boat fahren. Die jungen „Kapitäne" geben sich alle Mühe, so schnell und so dicht wie möglich an den Felsen vorbeizufahren. Entsprechend laut sind die entsetzten Schreie der Passagiere. Wer es etwas entspannter liebt, kann in der Zwischenzeit im Flussbett mit der Goldpfanne nach Goldnuggets suchen. Bei Ahaura überqueren wir den Ahaura River. Auf einer Holzbrücke führt die SH-7 einspurig über den Fluss. Weiter geht es nach Greymouth. Hier übernachten wir. Greymouth besuchen wir auf unserer Rundreise noch ein weiteres Mal (Tourpunkt 24).

Oldtimer Treffen in Greymouth.

Wir übernachten in einem sehr schönen Motel in der City und gehen zum Abendessen in die Monteith's Brewery. Es gibt eine kleine Auswahl an Snacks und eine große Auswahl an Bieren. Wir wählen mehrere Tasting Biere aus. So kann man die verschiedenen Geschmacksrichtungen am besten testen. Draußen vor der Tür stehen zwei Talbot Oldtimer. In der Hotel Garage stehen noch viel mehr alte Autos. Der Talbot Owners Club macht mit diesen Oldtimern aus den 1930 Jahren gerade eine 4.000 km Tour über die Süd- und Nordinsel. Auf unserer Reise begegnen wir ihnen wiederholt.

Drei Tasting Biere aus der riesigen Auswahl an Bieren.

Eingang zur Buller George Swing Bridge.

Arthur's Pass

Great Alpine Highway · West Coast Road

Die West Coast Rd. wird auch als Geat Alpine Highway bezeichnet. Es handelt sich dabei um die SH-73 von Greymouth nach Christchurch. Die Straße verläuft durch die alpine Landschaft mit über 1.800 Meter hohen schneebedeckten Bergen. „Arthur's Pass" ist ein Dorf auf 730 Meter Höhe, von dem aus man den eigentlichen Pass in 920 Meter Höhe erreicht. Es gibt auch eine Bahnverbindung, die TranzAlpine, die einmal täglich zwischen Christchurch und Greymouth befahren wird. Eine Strecke dauert ca. 4,5 Stunden. Unter dem Arthur's Pass fährt die Bahn durch einen 8 km langen Tunnel hindurch. Wir halten auf der Passhöhe und haben einen wunderbaren Blick über die Schluchten und die lang gezogene Brücke über das Tal.

Die ersten Siedler nutzten den Pass bereits um 1860. Die Maori sollen dem Einwanderersohn Arthur Dudley Dobson den Pass gezeigt haben. Daher wurde der Pass nach ihm benannt. Später wurde an der Westküste Gold gefunden und der Pass wurde ein wichtiger Handelsweg. Das Otira Stagecoach Hotel stammt noch aus dieser Zeit. Gebaut wurde es 1865. Damals hat man mit voll beladenen Pferdekutschen noch mehrere Tage für die

SH-73 West Cost Road, auch Great Alpine Highway genannt.

Überquerung des Arthur Passes benötigt. Das Hotel hat ein Restaurant und ist sehr urig ausgestattet. Die vielen alten Gegenstände lassen den Gastraum wie ein Museum erscheinen. Vor dem Gebäude steht an der Straße ein mit Fässern beladener Pferdewagen. Aus der Ferne erscheint das Pferd im ersten Moment echt zu sein. Wir machen hier Mittagspause. Dann kommt eine Gruppe Harleyfahrer. Alle Motorräder haben chinesische Nummernschilder. Am Otira Viaduct Lookout treffen wir zwei Motorradfahrer aus Australien. Die beiden haben eine Harley an den höchstmöglichen Punkt gebracht, um von dort aus Fotos zu machen. Schnell sind wir im Gespräch und helfen anschließend die Harley wieder heil hinunter zu bringen. Die Jungs kennen wirklich keine Gnade. Dean betreibt in Sydney die Gokart Rennbahn „Fastlane Karting". Da lernt man wohl so etwas zu riskieren und inszenieren. Wir treffen sie später wieder.

Otira Stagecoach Hotel und Restaurant von 1865.

Mit der Harley hoch über dem Otira Viaduct Lookout

SH-73 Brücke durch die Schlucht am „Otira Viaduct Lookout" auf dem Great Alpine Highway.

5 Great Alpine Hwy.

Von Greymouth nach Christchurch

Wir fahren auf der SH-7, auf der wir am Vortag gekommen waren, ein Stück zurück und biegen bei Stillwater rechts auf die Arnold Valley Rd. ab. Die Straße verläuft am Arnold River entlang bis nach Moana am Lake Brunner und von dort aus über Inchbonnie nach Jacksons. Hier kommen wir wieder auf den State Highway 73, der uns über den Arthur's Pass führt. Die Aussicht auf die schneebedeckten Berge ist beeindruckend. Unser nächstes Ziel ist die „Cave Stream" Höhle bei Castel Hill an der SH-73. Gleich am Highway ist der Parkplatz, von dem man ein paar hundert Meter ziemlich steil bergab hinunter ins Tal geht. 362 Meter geht es dann gerade in den

Arnold Valley Road / Lake Brunner Road zur SH 73.

Wegweiser vom Parkplatz zur Höhle.

Moana am Lake Brunner. Arnold Valley Road.

Berg hinein. Aus der Höhle fließt ein kleiner Bach, den man erst durchwaten muss, bevor man in die Höhle gelangt. Nach ca. 50 Metern steht das Wasser so hoch, dass wir nicht mehr weiter kommen und es wird langsam immer dunkler, je tiefer man in die Höhle hineingeht. Zurück zum Parkplatz geht es jetzt ordentlich bergauf.
Von dort aus fahren wir weiter durch Castle Hill zur Kura Tawhiti Conservation Area. Hier liegen stark abgerundete Felsen, auf die man sehr gut klettern kann. Vom Castle Hill Parkplatz geht man gut 20 Minuten auf einem schmalen Sandweg zu den Felsen.
Wir fahren weiter zum Lake Lyndon und von dort weiter auf der SH-73 nach Springfield. Als nächstes folgt Sheffield und dann Waddington. Hier fahren wir links ab und auf der „Old West Coast Road" bis nach Christchurch.
In Christchurch übernachten wir wieder und am nächsten Morgen geht es weiter in Richtung Süden.

Cave Stream Eingang in die Höhle an der SH-73.

In der Cave Stream Höhle verläuft ein Bach.

Unten in der Schlucht, rechts im Schatten, befindet sich der Eingang zur Höhle.

Tekapo

Lake Tekapo, Church of the Good Shepherd

Auf der SH-73 verlassen wir Christchurch und fahren bis Darfield. Hier biegen wir auf die SH-77 ab. Es geht durch Wiesen und Felder nach Windwhistle und weiter nach Mount Hut. An der nächsten Kreuzung knickt die SH-77 scharf nach links ab. Wir fahren hier aber geradeaus und auf der Landstraße SH-72 weiter Richtung Alford Forest, Staveley, Mount Somers, Mayfield, Arundel bis Orari Bridge. Hier kommen wir auf die SH-79. Ihr folgen wir Richtung Geraldine nach Fairlie und über den Burkes Pass zu unserem heutigen Ziel: Tekapo.

Auch wenn sich die Aufzählung der Ortsnamen vielleicht etwas langweilig liest, wollte ich den Weg auf den Nebenstraßen möglichst genau beschreiben. Der schnellere Weg führt über die SH-1 bis Orari. In dem Ort „Burkes Pass", 20 km vor Tekapo, gibt es einen willkommenen Stopp für einen Kaffee.

In Tekapo geht es rechts am See auf dem Pioneer Drive weiter. Dann kommt man direkt an der kleinen Kirche „Church of the Good Shepherd" an. Direkt davor gibt es einen Parkplatz. Der See wird mit Schmelzwasser der umliegenden Gletscher gespeist. Man sagt, daher habe er seine intensive türkisblaue Farbe. In Lake Tekapo gibt es das „Tekapo Spings" Thermalbad mit heißen Quellen und drei Pools mit 28 bis 38 Grad warmen Was-

Church of the Good Shepherd in Tekapo.

ser. Wir fahren auf der Tekapo Twizel Rd. SH-8 weiter nach Pukaki am Lake-Pukaki und dann auf der SH-8 nach Omarama. Ein schönes Ecklokal in Omarama an der Abzweigung SH-8 und SH-83 fällt uns ins Auge und wir beschließen, etwas zu essen. Nach einer Weile kommen Dean und Domi hereinspaziert und setzen sich natürlich gleich zu uns. Die beiden Motorradfahrer hatten wir schon am Otira Viaduct Lookout getroffen. Eigentlich wollten wir nach dem Essen weiterfahren, aber wir ändern kurzerhand unsere Pläne und bleiben. Das Hotel hat zwar nicht ganz den Standard, den wir uns wünschen, aber das Restaurant ist sehr gut und der Manager ausgesprochen freundlich. Wir haben alle zusammen einen sehr schönen Abend. Am nächsten Morgen frühstücken wir gegenüber im Oasis Cafe & Bar. Inzwischen stehen eine ganze Reihe Motorräder auf dem Parkplatz vor dem Hotel und vor der Bar. Offensichtlich haben wir einen beliebten Biker Treffpunkt gefunden.

Rakaia George Bridge SH-77.

Marcus, Dean und Domi vor den Omarama Hotel.

Dean und Domi setzen sich dann wieder zu uns. So verzögert sich die Abfahrt noch einmal auf sehr nette Weise.

Wasserkraftwerk Aviemore an der SH-83.

Panorama Lake Tekapo mit der Curch of the Good Shepherd in Tekapo.

Danseys Pass

Danseys Pass Hotel

Von Omarama fahren wir auf der SH-83 in Richtung Südosten nach Kurow, Otekaieke bis Duntroon. Gleich hinter der Kirche geht es über den Maerewhenua River und dann rechts weiter auf die Livingstone- Duntroon Rd. Kurz hinter dem Tokarahi Golf Club halten wir uns rechts und fahren dann auf die Danseys Pass Road. Es geht ein Stück parallel zum Maerewhenua River. Die ersten 18 km sind asphaltiert, dann beginnt die Gravel Road. Von hier aus sind es ca. 50 km Gravel Road bis Naseby.
Bei trockener Straße lässt es sich gut fahren. Bis hinauf auf die Passhöhe haben wir bestes Wetter. Oben angekommen, zieht es sich in sehr kurzer Zeit zu und es fängt an zu stürmen. Wir kommen gerade noch trocken ins „Danseys Pass Coach Inn Hotel" aus dem Jahr 1862. Dann geht es richtig los. Regen und Hagel prasseln nieder. Wir warten im Restaurant am offenen Kamin und essen sehr gut. Als der Regen nachlässt, fahren wir weiter nach Naseby.

Martins Church Duntroon.

50 km Gavel Road durch die Berge über den Danseys Pass.

Der Danseys Pass ist offen.

Schafe überqueren die Straße.

Hagel und Regenschauer oben auf der Passhöhe.

Rechtzeitig im Trocknen an der Danseys Pass Hotel Bar.

Traumhafter Blick bei bestem Motorradwetter in den Bergen auf der Danseys Pass Road.

Naseby

Goldgräberstadt von 1860

Kurz vor Naseby fängt es dann wieder heftig an zu blitzen und donnern. Wir stellen uns bei einem Strohballenverschlag unter, um auf der Passhöhe nicht von den heftigen Blitzen gegrillt zu werden.
Naseby wurde um 1860 während des Goldrausches gegründet. Viele Häuser sind in dem alten Stil erhalten, so die Gebäude der Boot Manufacturer, der Watchmaker, das Chronicle Office und viele andere mehr. Zur Zeit des Goldrausches haben hier in Naseby bis zu 4.000 Menschen gelebt. Heute sind es etwa 100 Einwohner.
Wir haben ein Zimmer im ältesten Hotel in Naseby gebucht, dem Ancient Briton Hotel. Der Wirt ist ausgesprochen zuvorkommend. Aber wir müssen trotzdem warten bis die Küche aufmacht. Das Warten lohnt sich. So ein Mahl hätten wir hier nicht erwartet. Auf einem Holzteller serviert, sehr appetitlich angerichtet und echt lecker. Wir machen einen Rundgang durch die kleine Stadt. Bereits 1872 wurde Naseby zur

Köstliches Abendessen im Ancient Briton Hotel.

Barraum mit Billardtisch im Ancient Briton Hotel.

Stadt erklärt. Angeblich ist es die kleinste Gemeinde in ganz Neuseeland. Hier wurde noch bis 1940 nach Gold gegraben. Viele Häuser stehen unter Denkmalschutz und sollen für die Nachwelt erhalten bleiben. Einige der Häuser stehen leer.

Ancient Briton Hotel Gegründet um 1860.

Country Office Museum von 1878.

In der Boot Manufaktur und in dem Watchmaker Haus sind noch die Schaufenster dekoriert. Im Country Office von 1878 ist ein Museum untergebracht. Wir erfahren, dass Naseby zu den dunkelsten Stellen der Erde zählt. Nachts ist es tatsächlich stockdunkel. Man sieht die Hand vor Augen nicht. Nachdem sich die Augen an die Dunkelheit gewöhnt haben, können wir die Milchstraße gut erkennen. Dann sieht man immer mehr Sterne und nach einer Weile spürt man wie unendlich klein die Erde und erst recht wir Menschen sind.

Cronicle Office in Naseby.

Gebäude aus der Zeit des Goldrausches um 1860. Watchmaker und Boot Manufacturer.

Zwischenstopp

Von Naseby nach Ranfurly und ein platter Reifen

Nach dem Frühstück packen wir wie üblich unser Gepäck zusammen, um dann alles in den Seitenkoffern zu verstauen. Heino ist etwas früher dran und kommt mit der Botschaft: „Dein Vorderreifen ist platt" zurück ins Hotel. Erst hat er gedacht, der Vorderreifen sei nur etwas tiefer im Kies eingetaucht. Dann die Gewissheit. Total platt. So kann ich nicht weiterfahren. Was tun, in einem Museumsdorf wie Naseby. Wir fragen im Hotel nach. Die schicken uns zu dem kleinen Kaufmannsladen gegenüber vom Hotel. Der „Naseby Store" bietet verschiedene Eissorten an, Süßigkeiten und Körperpflegeprodukte sowie Haushaltsartikel. Der Betreiber öffnet gerade seine Ladentür. Wir erzählen ihm von unserem Problem, mit wenig Hoffnung, dass er uns helfen könnte. „Just a moment" sagt er und kommt 30 Sekunden später mit einem mobilen Kompressor zurück. Da staunen wir nicht schlecht. Probiert es einfach aus, sagt er, vielleicht reicht es ja bis Ranfurly. Da gibt es eine Reifenwerkstatt. Er gibt uns den Kompressor ohne zu zögern mit, ohne nach Namen, Ausweis oder Kaution zu fragen. Wir pumpen den Reifen auf und warten eine Weile.
Heino gießt unser gutes Trinkwasser über den Reifen in der Hoffnung, etwas erkennen zu können. Tatsächlich fängt es am Ventil an, Blasen zu bilden. Da liegt also das Problem. Also doch kein Nagel. Wir pumpen noch etwas mehr Druck drauf und bringen den Kompressor zum Ladenbesitzer zurück. Er heißt Paul Bishop. Paul macht neben seinem Laden auch die „Nasby Night Sky Tours". Hier in Naseby, so sagt er, sei eine der dunkelsten Regionen weltweit. Kaum anderswo könne man den Sternenhimmel so wunderbar erkunden wie hier. Auf seinem Tresen hat er Flyer für die Tour. Wir nehmen einen Flyer mit,

Luftblasen am Ventil der Africa Twin.

Heino pumpt den Reifen auf. 2.0 BAR oder lieber mehr?

bedanken uns und fahren dann vorsichtig nach Ranfurly. Die erste Werkstatt hat nur Autoreifen, aber die schicken uns weiter zu einer zweiten Werkstatt, gleich um die Ecke. Hier kommt sofort ein Techniker auf uns zu. Nachdem wir

Paul mit dem mobilen Kompressor.

das Problem geschildert haben, fahren wir die Africa Twin gleich in die Werkstatt. Dann übernimmt er. Jeder Handgriff sitzt. Sekunden später ist das Vorderrad ausgebaut. Er arbeitet, als würde er nie etwas anderes machen. „Ich habe einen besseren Schlauch als das Original", sagt er. „Den ziehe ich euch rein. Das Ventil ist da, wo es

Marcus und Paul Bishop vor dem Naseby Store

im Schlauch sitzt, total verrostet. Das kann man nicht vernünftig reparieren", meint er. In Windeseile ist der Reifen wieder zusammengebaut, ausgewuchtet und wieder eingebaut. Ich liebe es, mit Leuten zu arbeiten, die genau wissen, was

Mechaniker Dan: Jeder Handgriff sitzt.

sie tun. Er füllt einen Zettel aus, mit dem wir ins Büro gehen. Jetzt sind wir sehr gespannt, wie viel berechnet wird. Umgerechnet sind es 43,- Euro, inkl. Schlauch und Montage. Wir danken Dan, dem Mechaniker, noch einmal und setzen eine knappe Stunde später unsere Reise fort. Niemals hätten wir gedacht, so schnell weiterfahren zu können.

Dan und Marcus nach gelungener Reifenreparatur.

Moeraki Boulders

Steinkugeln am Strand

Von Ranfurly fahren wir weiter auf der SH-85 in Richtung Südosten. Erst nach Kyeburn, Morrisons, Dunback und dann runter bis Palmerston. Von hier auf der SH-1 nach Norden bis Moreaki. Etwa 1 km hinter Moreaki geht es zum Parkplatz „Moreaki Bolders" ab. Am Straßenrand steht ein Schild, das uns zum Parkplatz führt. Hier stehen wenige PKW, aber schon einige Busse. Es gibt einen Gebäudekomplex kleinerer Häuser mit zeltähnlichen, kugelrunden Dächern. Hier sind ein Restaurant, Toiletten und ein Shop untergebracht. Über einen angelegten Weg und eine Treppe sind es von hier hinunter

Eingangsbereich zu den Moreaki Boulders.

zum Strand und zu den Boulders nur noch ca. 300 Meter. Je nach Tide liegen die Steinkugeln am Strand oder im Wasser. Ein Tidekalender z.B. www.surf-forecast.com/breaks/Moreaki/tides/latest gibt Auskunft, wann hier Ebbe

Moreaki Boulders bei Flut.

oder Flut ist. Ein Besuch lohnt sich auf jeden Fall, ob mit oder ohne nassen Füßen. Die Boulders sind tatsächlich kugelrunde Steine von unterschiedlicher Größe. Bis 2,20 Meter Durchmesser hat der größte. Dieser soll zwischen 4 und 5,5 Millionen Jahre alt sein. Wenn man die Fotos betrachtet, sieht es schon ganz cool aus, aber wenn man zwischen den Boulders herumläuft, ist es schon sehr beeindruckend. Sehr viele Besucher stellen sich auf die Boulders. Das sieht ganz leicht aus, aber die rutschige runde Oberfläche und die fehlende Möglichkeit, sich irgendwo festzuhalten, macht es dann doch etwas schwieriger, sie zu erklimmen. Erstaunlich ist, dass weder Eintritt verlangt wird, noch dass das Besteigen der Boulders verboten ist.

Hunde lieben es auch auf einen „Boulder" zu springen.

Heino auf einem „Boulder".

Einer der großen Moreaki Boulders hat ca. 2,20 Meter Durchmesser.

Dunedin

Baldwin Street, Bahnhof und City

Dunedin war durch die Goldfunde um 1861 sehr schnell zur bedeutendsten Stadt Neuseelands geworden. Bereits kurz nach der Entdeckung der ersten Goldfunde hatte man eine Volkszählung durchgeführt. Um 1864 lebten hier bereits über 15.000 Menschen. In den folgenden Jahren wurden immer mehr vom Goldrausch in der Region Otage angelockt. 50.000 Goldsucher und Abenteurer lebten unter katastrophalen Bedingungen. Einige wurden sehr schnell sehr reich und zogen Geschäftsleute und eine geordnete Verwaltung nach sich. Dadurch wurde

Prunkvolle Halle im Dunedin Bahnhof.

Dunedin bereits 1869 zur Universitätsstadt. An den Gebäuden der Stadt erkennt man den großen Reichtum früherer Jahre. Mit dem Ende des Goldrausches gingen die Profiteure wieder zurück in ihre

Dunedin Bahnhof.

Heimat und die Stadt verlor ihre bedeutendste Einnahmequelle.

Die Universität von Dunedin hat jedoch bis heute eine große internationale Bedeutung. Hierher kommen Studenten aus der ganzen Welt. Sehenswert sind auch

Dunedin, das Gebäude der Otago Daily Times.

das Bahnhofsgebäude, das Otago Museum, Dunedin Townhall, das Rathaus und besonders das „Larnach Castel" aus dem Jahr 1871. Wir übernachten im Wains Hotel, ebenfalls in einem historischen Gebäude untergebracht. Hier fährt man mit einem historischen Fahrstuhl in die oberen Etagen.

Baldwin Street

Die Baldwin Street ist laut Guinness-Buch der Rekorde die steilste Straße der Welt. Heino meint, er sei in Südamerika steilere Straßen gefahren. Egal, hier ist es auch sehr steil. Es sollen 35% sein. Fahren darf man hier nicht. Die Straße ist den Anwohnern vorbehalten.

Wohnhaus in der Baldwin Street, Dunedin.

Baldwin Street in Dunedin, die steilste Straße der Welt.

Tunnel Beach

Südlich von Dunedin

Wenige Kilometer südlich von Dunedin liegt der Tunnel Beach. Wir fahren auf der Blackhead Rd. aus Dunedin heraus. Kurz nachdem man die Stadt verlassen hat, geht es links in die Tunnel Beach Rd. Ein extra Hinweisschild gibt es nicht. Daher kann man die Abzweigung leicht verfehlen. Vom Parkplatz sind es nur etwa 800 Meter zur Steilküste. In einem durch den Felsen getriebenen Tunnel sind Stufen geschlagen, so dass man hierdurch den Strand erreichen kann. Der Tunnel ist so eng, dass sich entgegenkommende Personen dicht an die Wand pressen müssen, um aneinander vorbei zu kommen. Unten am Strand wird erst klar, wie hoch die Steilküste ist. Auf herrlich weichem Sand kann man in der kleinen Bucht spazieren gehen. Wir fahren dann auf der

Tunnel mit Stufen hinunter zum Strand.

Felsenküste bei Dunedin / Tunnel Beach.

Kaka Point

Nugget Point Leuchtturm

Ausgang des Tunnels.

Pinguine auf der Straße? Wir haben keine gesehen.

SH-1 ca. 100 km weiter nach Süden. In Balclutha verlassen wir die SH-1. Die Straße ist als „Southern Scenic Route" ausgeschildert. Von hier aus geht es zu dem Ort Kaka Point. Der Nugget Point Leuchtturm liegt noch einmal 8 km weiter südlich. Hier gibt es eine Bucht, in der die Gelbaugen-Pinguine brüten. Wenn während der Brutzeit die Pinguine am Strand sind, ist es verboten, diesen Bereich zu betreten.

Weg zum Leuchtturm. Ein Schild weist auf die Gefahren hin.

Cathedral Caves
und weiter nach Bluff

Von Kaka Point geht es weiter Richtung Süden nach Owaka, Caberfeidh und Papatowai. Hier hat man vom Florenz Hill Outlook einen beeindruckenden Blick über die Küste. Auf dem Chaslands Hwy. fahren wir 8 km weiter in Richtung Westen. In einer Kurve geht es auf eine wirklich kleine Nebenstraße, die Pratt Rd. Ein Hinweisschild weist auf den „Cathedral Caves Carpark". Nach 2 km kurvenreicher Straße durch den Wald ist man am Parkplatz. Von hier geht man noch ein gutes Stück durch den Wald und kommt dann an den Strand. Die Höhle ist bestimmt 30 Meter hoch. Sie geht wie ein Halbkreis durch den Felsen. Auf der einen Seite geht man hinein und auf einer anderen Seite kann man die Höhle wieder verlassen. Bei Flut steht in der Höhle unter Wasser.

Spooky shadows in der dunklen Höhle.

Der Weg vom Cathedal Caves Carpark zum Strand.

Nur ca. 55 km südwestlich von den Cathedral Caves ist der südlichste Punkt von Neuseeland: Der Slope Point.
Wir fahren weiter bis Bluff. Am „Stirling Point" endet die SH-1 auf einem Parkplatz. Direkt oberhalb

Der zweite Eingang oder Ausgang.

Ellen und Dirk in Bluff Lookout und Stirling Point.

ist das Oyster Cove Retaurant und Cafe. Von hier hat man einen herrlichen Ausblick über das Meer in Richtung Süden. Nur in Ushuaia in Argentinien ist man der Antarktis näher. Von Bluff geht es weiter zum 30 km entfernten Invercargill.

Stirling Point. Hier endet die SH-1. Vom nördlichsten Punkt NZ, Cape Reinga, sind es bis hier 2082 km.

Imposanter Eingang in die Cathedral Caves.

Invercargill

Motorrad Museum
Burt Munro „Fastest Indian" bei ehayes

Von Bluff geht es auf der SH-1 nach Invercargill. Die ersten Kilometer geht es längs der Küste, dann teilweise schnurgerade an Wiesen und Feldern entlang, vorbei an der „Open Country Diary", einer der größten Milch verarbeitenden Anlagen Neuseelands.
Von hier werden Milchpulver und andere Milcherzeugnisse weltweit verkauft. Kurz darauf die „South Pacific Meats" und gegenüber die „Ballance Agri Nutrients", drei wirklich große Firmen auf dem Weg nach Invercargill.
Die SH-1 führt direkt in die Stadt. Links und rechts der Straße stehen zum Teil sehr schöne alte Gebäude. Geradeaus geht es weiter auf der SH-6 in die City. Kurz bevor man die Kirche auf der linken Seite sieht, steht das Gebäude von „ehayes"-HAMMER.
In diesem Baumarkt befindet sich das legendäre Indian Motorrad von Burt Munro. „The fastest Indian in the world". 1920 hatte er das Motorrad gekauft. Bereits 1940 erreichte er in Neuseeland einen Rekord von 194,4 km/h. Eine unglaubliche technische Leistung von Munro, besonders wenn man bedenkt, dass er mit einfachsten Mitteln seine Indien in seiner kleinen Werkstatt selbst umbaute.
Munro hatte dann im Jahre 1962 mit einer 850 ccm Maschine einen Geschwindigkeitsrekord von 288

„Civic Theatre", City Hall und Theater. Foto: Invercargill City Council, NZ.

km/h auf dem Satzsee von Boneville in Utah/USA gefahren.
Im Jahre 1967 fuhr er einen weiteren Rekord von 296,26 km/h mit einer auf 950 ccm modifizierten Indien. In dieser ccm-Klasse besteht dieser Rekord bis heute.

296,26 km/h Rekord, Foto: Ellen und Dirk Heidecker.

Über das Leben von Burt Munro hat der Regisseur Roger Donaldson den Film „The World's fastest Indian" mit Anthony Hopkins in der Hauptrolle gedreht. Deutscher Titel: Mit Herz und Hand. Ein sehenswerter Film für Motorrad-Enthusiasten.

Wir fahren nach diesem beeindruckenden Erlebnis zurück zur SH-1 und am Kreisverkehr „Boer War Memorial" in Richtung Dunedin, vorbei an einem der imposantesten Gebäude der Stadt, dem „Civic Theatre". Das Gebäude wurde 1906 gebaut. In diesem Theater können 1015 Gäste Platz nehmen. Zusätzlich verfügt das Gebäude über mehrere Veranstaltungsräume. Es gehört zu den bedeutendsten Gebäuden in Neuseeland.
Wir fahren anschießend 2,5 km weiter auf der SH-1. Auf der rechten Seite sieht man dann das Gebäude der Bill Richardson „Transport World".
Neben alten Motorrädern sind hier auch Oldtimer Sportwagen zu sehen, wie z.B. Porsche 356, US-Trucks und Fahrzeuge aus den Anfängen des U.S. Fahrzeugbaus. So auch ein Henry Ford Letter Car, das noch vor dem legendären Model-T gebaut wurde.

„The World fastest Indian" steht bei „ehayes Hammer". Foto: Ellen und Dirk Heidecker.

Milford Sound

Te Anau · Douptful Sound

Wir verlassen Invercargill auf der SH-99 über Riverton, Tuatapere und fahren bis zum Waiau River. Neben der jetzigen Betonbrücke läuft parallel die „Clifden Suspension Bridge", eine befahrbare Hängebrücke aus dem Jahr 1899. Nur 3 km von der Brücke entfernt sind die Clifden Caves mit Stalaktiten und Glühwürmchen zu besichtigen. Wir fahren nach Manapouri. Von hier startet man am besten zum **Douptful Sound**.

Mit dem Boot geht es etwa 1 Stunde über den Lake Manapouri, dann mit dem Bus 45 Minuten über den Wilmot Pass. In der „Deep Cove" wartet wieder ein kleines Schiff, auf dem man eine Tagestour oder eine Overnight Tour in den Douptful Sound buchen kann.

Um den **Milford Sound** zu sehen, geht es auf der SH-95 weiter nach **Te Anau**. Te Anau liegt am „Lake Te Anau", der wie auch schon der Lake Manapouri keinen Zugang zu den Sounds hat. Von Te Anau sind es dann noch 120 km auf der SH-94 nach Norden zum Milford Sound.

An den Bootsanlegeplätzen endet die SH-94. Hier im Visitor Center kann man Informationen für alle angebotenen Touren bekommen. Meine Schwester Ortrud und ihr

Der Milford Sound bei „normalem" Wetter. Die Südwestküste ist das regenreichste Gebiet Neuseelands.

Mann Kay sind mit der „Celebrity Solstice“ in Dunedin, also an der Ostküste, angekommen. Von dort sind sie mit dem Bus einmal quer durch das Land zur Westküste gefahren. Hierbei hatten sie die Gelegenheit, die Städte Queenstown, Arrowtown und Te Anau zu besuchen. Im Milford Sound ging es dann wieder an Bord des Kreuzfahrtschiffes, um weiter zur Nordinsel zu fahren. Dabei haben sie bei bestem Wetter diese Fotos mit dem Kreuzfahrtschiff machen können.

Wir haben mit dem Wetter leider weniger Glück. Immer wieder regnet es. Kein Wunder, die Westküste der Südinsel Neuseelands gehört zu den regenreichsten Gebieten weltweit. Jährlich regnet es mehr als 200 Tage im Fiordland National Park. Der Ort „Milford Sound“ hat neben dem kleinen Hafen auch einen Flughafen. Von hier können Flüge über die Sounds, die Neuseeländischen Alpen und die Gletscher gebucht werden. Auch einige Städte der Südinsel werden von hier aus angeflogen.

Ankunft eines Kreuzfahrtschiffes im Milford Sound.

Hier werden Passagiere wieder aufgenommen.

... und so bei Sonnenschein. Foto: Kerstin Bohlmann.

Te Anau · Kingston

Vom Fjordland nach Queenstown

Vom Milford Sound geht es zurück nach Te Anau. Die SH-94 ist eine 117 km lange Sackgasse. Wer den Milford Sound besuchen will, muss diesen Weg auch wieder zurück fahren. An der SH-94 südlich von Te Anau finden wir auf Empfehlung eine Privatunterkunft für die Nacht. Das Holzhaus scheint schon sehr sehr alt zu sein.
Heather, unsere Gastgeberin, ist eine ältere Dame. Sie erzählt, dass ihr Urgroßvater Maori gewesen sei. Im Wohnzimmer hängt ein Bild von ihm. Er ist im Gesicht vollständig tätowiert. Die Maori waren zu der Zeit noch Kannibalen. Sie weiß aus Erzählungen, dass der Urgroßvater das Fleisch von Seeleuten nicht gerne mochte. Die waren ihm zu salzig, schmeckten nicht! Er soll gesagt haben: „Don't eat sailers, they are too salty". Verständlich! Zur Zeit der Segelschiffe wurden viele Lebensmittel in Salz eingelegt, um sie für lange Zeit haltbar zu machen. Entsprechend viel Salz haben die Seeleute zu sich genommen. Und Frischwasser war auf den Seglern oft Mangelware. Kein Wunder, dass sie salzig schmeckten. Sie versichert uns, dass dieser Brauch nun lange vorbei sei und wir sorglos im Haus schlafen könnten. Von Te

Das Haus von Heather, einer alten Maori Dame südlich von Te Anau.

Anau geht es dann weiter auf der SH-94 nach Mossburn am Oreti River. Hier verlassen wir die SH-94 und fahren links auf die SH-97 in Richtung Queenstown ab. Nach einigen Kilometern erreichen wir die SH-6 und biegen links in Richtung Queenstown ab. Es geht etliche Kilometer durch ein Tal. Beiderseits der Straße weiden viele Schaf- und Rinderherden. Am Horizont erheben sich flache, grüne Berge. In Kingston erreichen wir das südliche Ufer des Lake Wakatipu. Hier in Kingston gibt es eine alte Dampfeisenbahn. Die Züge und die Gleisanlagen wurden wiederholt an Liebhaber verkauft. Offensichtlich gibt es hier aber zu wenig Tourismus für eine Museumsbahn, daher ist eine Fahrt zur Zeit nicht möglich. Die Bahnanlage, die zwei Dampflokomotiven und Anhänger stehen angeblich wieder zum Verkauf.

Frühstück bei Heather im Wohnzimmer.

Devels Staircase, die SH-6 hinter Kingston.

Ufer des Lake Wakatipu bei Kingston.

Queenstown

Die Königin am Lake Wakatipu

Durch die Berge im Westen abgeschirmt, ist das Wetter um Queenstown verhältnismäßig milde. Im neuseeländischen Winter ist hier Skisaison und im Sommer genießen die Besucher Temperaturen von über 20 Grad. Daher gibt es in der Gegend um Queenstown, speziell im Gibbston Tal, viele sehr erfolgreiche Weingüter. Einige bieten Weinverkostung mit sehr hochwertigen Speisen oder regionalem Käse an.

Der erste bedeutende Aufschwung der Stadt wurde durch den Goldrausch der 1860er Jahre begründet. Heute haben die Stadtväter es geschafft, Queenstown besonders für Touristen attraktiv zu machen. Alle möglichen Arten von Outdoor-Aktivitäten werden angeboten.

Eine weitere Besonderheit ist die 1912 erbaute TSS Earnslaw. Der Dampfer wird noch heute mit Kohle befeuert und dampft nach einem regelmäßigen Fahrplan über den Lake Wakatipu. Bei rechtzeitiger Buchung ist es sogar möglich, sein Motorrad mit an Bord zu nehmen, um dann auf der anderen Seite des Sees weiterzufahren.

Die Stadt ist so erfolgreich, dass Queenstown sogar einen eigenen Flughafen besitzt. Obwohl es nur eine Landebahn inmitten der Berge gibt, fliegt New Zeeland Air von hier mit Jets nach Christ-

Viele Restaurants reihen sich in der City von Queenstown aneinander.

church, Wellington und Auckland. Quantas fliegt von Brisbane, Sydney und Melbourne hierher. Damit ist die kleine Stadt international angebunden. Touristen aus aller Herren Länder treffen sich in der City, in den Restaurants und

Der Bootssteg von Queenstown mit dem alten Dampfer.

in den Parkanlagen um das Hafenbecken.

Am späten Nachmittag sitzen wir in einem der Restaurants am Hafen. Vom Anleger haben wir einen herrlichen Blick auf den alten Dampfer. An allen Tischen um uns herum werden unterschiedliche Sprachen gesprochen. Uns fällt auf, dass sehr viele junge Leute hier sind. Laut offizieller Bevölkerungszählung stellen die bis 39-Jährigen den größten Anteil.

Queenstown: Restaurants mit Seeblick.

Wir lesen, dass Queenstown die Abenteuerhauptstadt Neuseelands sei. Jetboat oder gemütlich Kanu fahren, Bungee-Jumping oder mit der Skyline-Seilbahn zum 450 Meter hohen Gipfel des Bobs Peak, Bootstouren und Helikopterflüge werden angeboten. Hier ist für jeden Geschmack etwas dabei. Eine beeindruckende Stadt.

Die TSS Earnslaw ist ein 1912 erbautes Dampfschiff, das heute noch den Lake Wakatipu in Neuseeland befährt.

Arrowtown

Über Skippers nach Arrowtown

Auf der George Road verlassen wir Queenstown in Richtung Norden. Das nächste Ziel ist Arrowtown. Auf der asphaltierten Straße durch die Berge erreichen wir den kleinen Ort „Arthurs Point". Eine einspurige Brücke führt über den „Shotover River". Kurz hinter dem Ort kann man links auf der Skippers Road in die Berge fahren und erreicht nach ca. 9 km das „Coronet Peak" Skigebiet. Von hier oben hat man einen herrlichen Blick über die schneebedeckten Berggipfel. Nach weiteren 18 km abenteuerlicher Fahrt an der steilen Bergwand entlang und über eine alte Hängebrücke erreicht man den Skippers Point.

Das Post Office in Arrowtown.

Bikertreff in Arrowtown vor dem „The Gold Nugget".

Es geht wieder zurück ins Tal auf die Malaghans Rd. und weiter zu der ehemaligen Goldgräberstadt Arrowtown. Das erste Gold fand ein Schafscherer im Jahr 1862 im Arrow River. Nachdem diese Nachricht sich verbreitet hatte, wuchs die Bevölkerung schnell an. Viele Chinesen siedelten sich hier an. Daher gibt es noch heute ein „Arrowtown Chinese Settlement“. Dieses Chinesenviertel ist als Museumsdorf ausgebaut und kann besichtigt werden. Die „Buckingham Street“ ist die eigentliche Attraktion des Ortes mit vielen Häusern aus der Zeit des Goldrausches. Meist befinden sich darin Boutiquen oder Restaurants. Obwohl hier alles auf Tourismus ausgerichtet ist, macht es Spaß, durch die Läden zu schlendern. Es sind viele Biker hier, für die der Ort ein beliebtes Ziel ist. Bevor wir Arrowtown in Richtung Cardrona verlassen, sehen wir uns das „Lakes Distrikt Museum“ an.

Hauptstraße in Arrowtown: Buckingham Street.

Buckingham Street mit den alten Häusern.

Arrowtown „Postmasters House“.

Cardrona

Von Arrow Junction über Cardrona nach Wanaka

Zunächst erreichen wir „Arrow Junktion", fahren dann ein kurzes Stück auf der SH-6, anschließend links auf der „Crown Range Rd". Die gut ausgebaute Straße durch die Berge führt zu dem Ort Cardrona. Von hier an heißt die Straße „Cardrona Valley Rd".
Mitten im Ort ist das Cardrona Hotel, vor dem ein Oldtimer steht. Auch Cardrona entstand während des Goldrausches in den 1860er Jahren. Das Hotel und die kleine Kirche stammen noch aus dieser Zeit, das „Post & Telegraph" Gebäude von 1871. Die Häuser sind alle sehr liebevoll restauriert.
Das Bild unten zeigt jenen Teil des Hotelgebäudes, in dem die Gästezimmer untergebracht sind. Weitere offene Nebengebäude beherbergen Oldtimer, so einen Ford und einen Chevrolet aus den 1920er Jahren. Im großen Innenhof sind Bänke aufgestellt. Aus dem Restaurant heraus wird man hier mit Speisen und Getränken versorgt. Ein sehr kleiner, aber ausgesprochen gemütlicher Ort. Die Bedienung ist hier sehr

Innenhof des Cardrona Hotels.

Im Innenhof des Cardrona Hotel. Ein Chevrolet.

... und ein Ford aus den 1920er Jahren.

freundlich und man kann ausgesprochen gut essen.
Im Sommer werden im Cardrona Alpine Resort abenteuerliche Mountain-Bike-Touren und Mountain-Carting durchgeführt. Das sind dreirädrige Gocarts, mit denen man auf den Pisten den Berg hinunter fahren kann. Im Winter ist Region um Cardrona Skigebiet.

Das Cardrona Hotel von 1863.

BRADONA

Bra Fence, 2125 Cardrona Valley Road

Angeblich haben sich vier Frauen in Jahr 1999 aus reinem Übermut ihrer BHs entledigt und sie hier nur so zum Spaß an den Zaun gehängt. Alkohol soll auch im Spiel gewesen sein. Das erscheint glaubwürdig, denn gleich nebenan ist die Cardrona Destillery.
Hier werden hochwertige alkoholische Getränke destilliert: Whisky, Gin, Wodka und Likör. Man kann also von einer „spirituellen" Handlung ausgehen. Eine Zeitlang soll es in der Gemeinde umstritten gewesen sein, was mit den BH geschehen sollte. Während darüber diskutiert wurde, kamen immer weitere dazu, ohne dass es einen erkennbaren Grund dafür gab. Man hat dann den ursprünglich parallel zu Straße verlaufenden Zaun seitwärts an eine Wiese verlegt. So sollten Fahrer vor der plötzlich auftretenden Überraschung geschützt werden. Die Neuseeländische Brustkrebshilfe hat darauf eine Spendenbox aufgestellt, deren Inhalt der Stiftung zugute kommt. So bekommt das Ganze dann doch noch einen tieferen Sinn. Wir können nur bestätigen, dass die BH und die Spendenbox da sind. Ob der Rest der Geschichte war ist, wird wohl ein ewiges Geheimnis bleiben. Auf der Spendenbox ist das Logo einer pinkfarbenen Schleife. So wie es auch bei der internationalen

Eine Büste ergänzt den Zaun und macht die Aktion zu einem künstlerischen Gesamtbild.

Pinktober Aktion vom Hard Rock Cafe gegen Brustkrebs genutzt wird. In Hamburg hatte das Hard Rock Cafe einen riesigen pinkfarbenen BH gemeinsam mit Corny Littmann an die Fassade des Schmidts Tivoli Theaters gehängt. Die Idee zieht weltweit ihre Kreise.

Spendenbox der Brustkrebst Stiftung.

Hilfe gegen Brustkrebst und Touristenatraktion.

WANAKA TREE

Ca. 25 km weiter in Wanaka steht ein kleiner Baum im Lake Wanaka, nur wenige Meter vom Ufer entfernt im flachen Wasser. Der Baum ist ebenfalls zu einer Touristenartaktion geworden.

Der Zaun ist wohl über 100 Meter lang und trägt mehrere tausend BH.

Blue Pools

Von Wanaka nach Haast

Wir verlassen Wanaka auf der SH-6 in Richtung Norden nach Hawea und fahren am Ufer des Lake Hawea entlang. Es ist ein Traum hier entlang zu fahren, mit Blick über den See und den Bergen im Hintergrund.
Nachdem wir die nördliche Spitze des Lake Wanaka erreicht haben, geht es am Makarora River entlang, weiter nach Makarora. Dieser kleine Ort hat am „Makarora Tourist Center" ein Motel mit kleinen Nurdach-Häusern und einen Campingplatz. Wir übernachten in einem der Häuser, die man auch für sich alleine mieten kann.

Die SH-6 am Ufer des Lake Wanaka.

Als Gruppenunterkunft werden die kleinen Häuser ebenfalls angeboten. In dem Falle teilt man sich das Häuschen mit anderen Besuchern. Nur 10 km hinter Makarora errei-

Die Swingbridge über die Blue Pools.

chen wir den „Blue Pools Walk". An der SH-6 ist ein Parkplatz. Nach ca. 30 Minuten Fußmarsch durch den Wald geht es über eine Hängebrücke über den Makarora River. Dann erreicht man die „Blue Pools". Das kalte Gletscherwasser fließt hier türkisblau in den Makarora River. Die Hängebrücke darüber darf zeitgleich nur von einer bestimmten Anzahl von Personen betreten werden. Ein Hinweisschild macht darauf aufmerksam. Vor uns ist schon eine Gruppe junger Besucher da. Eine junge Frau klettert über das Geländer, ihr Freund macht es ihr nach. Dann springen beide von der Brücke in das eiskalte, türkisblaue Wasser.

Nurdachhaus am Makarora Tourist Center.

Parkplatz am Haast Pass Lookout.

Andere Freunde aus der Gruppe filmen die Aktion. Für uns geht es weiter auf der SH-6 entlang des Makarora River zum „Haast Pass Lookout".

Die „Blue Pools", die ihren Namen mit Recht tragen.

Haast

An der Westküste zum Fox Gletscher

Vom Haast Pass Lookout geht es auf der SH-6 weiter zum Ort „Haast" an die West-Küste Neuseelands. Links und rechts der Straße dichter Regenwald. Die „Gate of Haast" Brücke gehört zu den Brücken, die nicht von beiden Seiten gleichzeitig befahren werden können. Das „GIVE WAY" Schild weist darauf hin. Da es von diesen Schilder sehr viele auf Neuseeland gibt, sind die meisten Fahrer damit gut vertraut und der Verkehr regelt sich wie von selbst. Wir haben kein Problem, Haast zu erreichen, doch als wir eine Woche später auf der Nordinsel unterwegs sind, kommt die Nachricht von einem Unwetter in genau dieser Region. Starke Regenfälle haben Schlammlawinen ausgelöst, die mit ihrer Wucht einen Teil der Straße und eine Brücke hinweg gespült haben. Die SH-6 musste komplett gesperrt werden. Straßenbaufirmen und Militär sind daraufhin gemeinsam angerückt und haben mehrere Tagen gearbeitet, um die Straße wieder befahrbar zu machen. Da dies häufiger passiert, wenn auch nicht

Die SH-6 geht dicht am Meer entlang, aber der dichte Regenwald gibt nur ab und zu die Sicht auf das Wasser frei.

immer in so gravierendem Ausmaß, gibt es nach starken Regenfällen oft Baustellen. Manchmal ist nur etwas Geröll auf der Straße. Dann werden Hütchen aufgestellt und der Verkehr so lange herumgeleitet, bis die Straße wieder frei

Der Lake Wanaka an der SH-6.

befahrbar ist. Haast ist ein sehr kleiner Ort mit nur ca. 240 Einwohnern. Es gibt einige Motels, eine Tankstelle und eine kleine Landebahn, das Haast Aerodrome. Für uns geht es über die Haast-River-Brücke an die Westküste. Hier machen wir einen kurzen Stopp an einem Imbiss direkt am Wasser. Die SH-6 geht hier zwar sehr nahe

Imbissstand an der Tasmanischen See hinter Haast.

am Meer entlang, aber der dichte Regenwald gibt nur ab und zu die Sicht auf das Wasser frei.

„Gate of Haast" Brücke am State Highway 6.

Mount Cook

Fox Gletscher und Franz Josef Gletscher

Auf der Fahrt von Haast zum Fox Gletscher fahren wir wieder auf der SH-6, dem Haast Highway, nach Norden, vorbei an einer Lachs Aufzuchtstation am Paringa River. Hier gibt es ein Cafe und Restaurant.

Die Tour führt uns weiter zum Ort „Fox Gacier“. Von hier aus werden Gletschertouren und Helikopterflüge angeboten. Kurz vor dem Ort, und unmittelbar hinter der Brücke über den Fox-River, geht eine kleine Straße ab. Sie führt zum „Fox Glacier Carpark“. Von dem Parkplatz aus ist es noch ein Fußmarsch zur Gletscherzunge.

Wir machen es uns erst einmal im Café Matheson gemütlich. Es regnet mal wieder und die Sicht ist sehr bescheiden. Als es aufklart, geben die Wolken die Sicht auf die Berge frei. An der SH-6 steht

Café Matheson am Lake Matheson in der Nähe des Fox Gletscher.

Super lecker Cappuccino und Kuchen im Café Matheson.

ein Schild mit der Aufschrift: Fox Glacier North Access. Die Fahrt geht hinauf zum „Fox Glacier Car Park“ nördlich des Fox River. Dort beginnt der Fox Glacier Valley Walk. Von hier geht es noch ca. 2,5 km zu Fuß bis zur Gletscherzunge. Anschließend fahren wir weiter zum dem Ort „Franz Josef / Waiau“. Hier hat man ebenfalls die Möglichkeit zum „Franz Josef Gacier Car Park“ hinaufzufahren. Die asphaltierte Straße geht parallel zum Waiho River bis zum Parkplatz. Von dort sind noch einmal ca. 30 Minuten zu Fuß zum Gletscher. In dem kleinen Ort Franz Josef dreht sich fast alles um den Gletscher. Es gibt mehrere Unternehmen, die geführte Touren zum Gletscher anbieten. Auch Flüge mit dem Helikopter werden angeboten. Ein weiteres Highlight des Ortes ist der „Tatare Tunnel Walk“. In dem Tunnel sind vereinzelt Glühwürmchen zu sehen.

Fox Gletscher Lake Matheson. Foto: Ellen und Dirk H.

Mount Cook. Foto: Rainer Bohlmann.

Mount Cook, von der Ostseite auf der SH-80. Foto: Ellen und Dirk Heidecker.

Hokitika

Glühwürmchenschlucht

Vom Franz-Josef-Gletscher aus fahren wir weiter auf der SH-6 in Richtung Norden nach Hokitika. Bis zu den „Pancake Rocks" führt die Straße fast direkt am Meer entlang. Hier machen wir das Foto mit dem Schild „Vorsicht Pinguine". Pinguine sehen wir leider keine.
Die Stadt Hokitika ist zur Zeit der Goldgräber zu einer der wichtigsten Städte an der Westküste geworden. Doch nach dem Ende des Goldrausches wanderten viele Einwohner ab. Daher gibt es heute weniger Einwohner als 1866. Die Bedeutung nimmt jedoch aufgrund der immer zahlreicher werdenden Touristen wieder zu. Besonders Outdoor-Tourismus ist in dieser Gegend angesagt. Eine der

Hokitika Town Clock.

Vorsicht Pinguine. Leider sehen wir keine. Anfang März ist wohl nicht die richtige Zeit.

Attraktionen ist die jährlich wiederkehrende Hokitika Scupture Competition im Januar. Hier werden aus angeschwemmten Bäumen Kunstwerke erstellt. Gleich am Ortseingang haben wir ein Hotel gebucht, von dem aus wir gemütlich die Stadt zu Fuß erkunden können. Das „Wahrzeichen" ist die Hokitika Town Clock im Zentrum der Stadt. Es gibt einige Restaurants und Läden für den täglichen Bedarf. Nur ein paar Meter weiter ist man bereits am Strand. Von der Beach Street kann man direkt ans Wasser fahren. Obwohl die Stadt gar nicht so klein ist, ist es am Wasser menschenleer. Als es dunkel ist, fahren wir zu der „Glow Worm Dell". Die Glühwürmchengrotte liegt nur wenige Schritte von der Straße entfernt. Wir waren schon am Tage hier, daher finden wir uns jetzt in der Dunkelheit ganz gut zurecht. Nachdem sich die Augen an die Dunkelheit gewöhnt haben, kann man tausende von sehr kleinen Lichtpunkten erkennen. Ganz schlaue Besucher machen Fotos mit Blitzlicht. Das stört ungemein.

Hinweisschild zum Glühwürmchenwald.

Küste auf dem Weg nach Greymouth.

Heino bei den Glühwürmchen. Die sind am Tage natürlich nicht sichtbar.

Pancake Rocks

Fahrt über Greymouth und Barrytown

Über Greymouth und Barrytown fahren wir auf der SH-6 an der Küste entlang zu den „Pancake Rocks". Der State Highway No 6 führt an einigen Stellen unmittelbar am Strand entlang.

In Greymouth waren wir schon am Anfang der Tour (Punkt 4). Beim zweiten Besuch bietet es sich an, das ca. 10 km vor der Stadt liegende „Shantytown Heritage Park" Freilichtmuseum zu erkunden. Es liegt in der Rutherglen Rd. Hier steht eine kleine „Westernstadt" mit einigen Häuser aus der Zeit des Goldrausches. Es gibt eine originale Dampfeisenbahn. Das Museum gibt einen schönen Einblick in das Leben um 1860.

Bis zu den „Pancake Rocks" sind es von Greymouth noch einmal 45 Kilometer weiter Richtung Norden. Wieder geht es an der Küste entlang. Links die Tasmanische See und rechts der dichte Regenwald.

Bei den „Pancake Rocks" gibt es zwei Parkplätze und ein Visitor Center mit einem Cafe. Als wir eintreffen, sind beide Parkplätze gut gefüllt. Reisebusse bringen sehr viele Touristen hierher.

Über einen angelegten Weg geht man zu den Aussichtspunkten, von denen man einen sehr schönen Überblick über die Pancakes Rocks hat. Trotz der vielen Touris-

Die Pancake Rocks vom offiziellen Besucher Lookout aus gesehen.

ten ist diese Aussichtspunkt einen Besuch wert.
Hier sieht man auch die „Blow Holes". Die Wellen drücken das Seewasser in enge Kanäle zwischen die Felsen. Der dadurch aufgestaute Druck lässt das Meerwasser in Fontainen nach oben schießen, ein sich ständig wiederholendes Naturschauspiel. Noch schöner ist es aber ca. 200 Meter vor dem offiziellen Parkplatz. Zwei Hotels stehen dort direkt am Strand. Das Punakaiki-Takutai House und das Punakaiki Resort. Von hier kann man direkt an den Strand gehen und auf die Pancake Rocks steigen. Wir klettern auf den Pancakes entlang und machen diese Fotos. Nach unser Klettertour stärken wir uns im Restaurant des Resorts. Mit herrlichem Blick über das Meer kann man hier sehr gut essen.

Vom Strand kann man auf Pancake Rocks klettern.

Punakaiki Resort am Strand bei den Pancake Rocks.

Die Pancake Rocks vom Strand aus gesehen.

Westport · Nelson

Weiter durch die Berge

Von den „Pancake Rocks" geht es nach Charleston. Das Highlight des Ortes ist das „Underworld Adventures Center". Von hier werden verschiedene Touren in die Höhlen angeboten. Für die Tour durch die Höhlen muss ein ganzer Tag eingeplant werden.
Weiter geht es über Westport auf der SH-6 in das Landesinnere nach Inangahua, teilweise direkt am Buller River entlang durch die Berge. Regenwald auf beiden Seiten.
Am Kilkenny Lookout ist für die Straße ein Stück aus dem Felsen herausgeschlagen worden. Die Straße wird hier einspurig und aufgrund der Kurven kann man nur schlecht erkennen, ob ein Fahrzeug entgegen kommt. Aber wie so oft, regelt sich hier alles wie von selbst. Ein ganzes Stück weiter erreichen wir wieder die Buller Gorge Swing Bridge. Dieses Teilstück auf der SH-6 waren wir schon auf dem ersten Abschnitt der Tour gefahren. Es wird unter (Punkt 4) beschrieben. In Murchison machen wir Kaffeepause und entdecken den kuriosen Laden: „Dust & Rust" Vintage Store.

Hier führt die SH-6 einspurig, halb in den Felsen geschlagen, am Buller River entlang.

Für uns ist es eher ein Museum als ein Laden. Aus den wild zusammen gewürfelten alten Dingen lässt sich das Leben der letzten 100 Jahre in der Umgebung gut erahnen.
Auf der SH-6 es geht weiter durch die Berge, bis wir vor Motupiko

Hier ist die Straße in den Felsen gebaut.

durch ein langes Tal fahren. Danach wird es wieder etwas hügeliger. Die Straße ist hier stärker befahren und teilweise dreispurig. Das macht das Überholen von LKW einfacher. Die Fahrer der großen Holztransporter fahren oft ziemlich schnell, sodass sich kaum Gelegenheit zum Überholen ergibt. Doch auf den Steigungen verlieren sie

Buller Gorge Swingbridge. Die längste Neuseelands.

dann erheblich an Geschwindigkeit und man ist froh über eine Extraspur zum Überholen.

Kurioser „Dust & Rust“ Vintage Store in Murchison.

Nelson City

Stadt der Entdecker

Als Entdecker Neuseelands gilt der in Groningen / Holland geborene Seefahrer Abel Tasman. Im Jahre 1642 erreichte er in der „Tasman Bay" die Küste Neuseelands. In der heutigen „Golden Bay" wurden vier seiner Seeleute von Maorikriegern getötet. Er benannte die Bucht daraufhin „Murderers Bay" und segelte aus Sorge vor weiteren Auseinandersetzungen weiter. Erst 1841 siedelte Arthur Wakefield von der englischen „New Zealand Company" in der Gegend von Nelson und daher gilt er als Gründer der Stadt. Bereits zwei Jahre später 1843 kam Arthur Wakefield bei Auseinandersetzungen mit einem hier lebenden Maori-Stamm ums Leben. Wieder war die Zukunft der Siedler ungewiss.
Dann brachte die deutsche Drei-Mast-Bark „Sankt Pauli" aus Hamburg 153 Siedler nach Nelson. Das Schiff begann seine Reise im Dezember 1842 in Hamburg und erreichte 6 Monate später im Juni 1843 die Siedlung Nelson. Erst gründeten die deutschen Siedler die Ansiedlung „St. Paulidorf", die aber wegen ständiger Überflutungen wieder aufgegeben wurde. Sie zogen ein Stück weiter und nannten die neuen Ortschaften Rosental, Neudorf und Sarau. Das bis 1917 genannte „Sarau" ist das heutige Upper Moutere. Die Neudorf Road und das Weingut „Neudorf

Nelson, Trafalgar Street, Fußgängerstraße mit viel Charme.

Vineyards" und „Himmelsfeld Vineyard" erinnern an die Zeit der deutschen Siedler. Nelson ist heute eine der größten Städte Neuseelands. Es gibt einen Yachthafen und einen gewerblichen Hafen. Sehr viele Häuser aus der Gründerzeit sind gut erhalten. Das Zentrum liegt um die Trafalgar Street, die direkt auf die Christchurch Cathedral zuführt. Hier gibt es alle Einkaufsmöglichkeiten, Restaurants, Arztpraxen und Apotheken, Werkstätten und eine Vielzahl an Hotels. Wir haben ein Hotel direkt in der City am Maitai River gefunden und können die Stadt vom Hotel aus gut zu Fuß erkunden. Nelson gilt mit 2.400 Sonnenstunden als die sonnenreichste Stadt Neuseelands. Der „Founders Heritage Park" ist eine der Attraktionen, zwar sehr touristisch, aber mit schönen, restaurierten, historischen Gebäuden. Wir ziehen bis spät am Abend durch die City. Aus der Ferne klingt Musik zu uns herüber und wir begegnen einer Gruppe als Frauen verkleideter Männer. Nelson erweist sich als eine sehr bunte, lebendige Stadt.

Restaurants in der Trafalgar Street.

Viele historische Gebäude in Nelson City.

Nelson, Trafalgar Street mit Blick auf die Christchurch.

Split Apple Rock

Abel Tasman Park

Von Nelson geht es in Richtung Abel Tasman Park. Abel Tasman war der erste europäische Seefahrer, der Neuseeland entdeckte. Nach ihm wurde der Park benannt. Wir wollen heute zum Split Apple Rock an der Südseite des Parks.
Von Nelson aus geht es auf der SH-60 bis kurz hinter Riwaka und dann nach Kaiteriteri.
Von dort aus kann man mit dem Wassertaxi zum Split Rock fahren oder sich ein Kajak mieten und damit ca. 2 km zum Split Rock paddeln. Mit einem Kajak ist man unabhängig und kann sich den ganzen Tag Zeit lassen. Bei unserer Ankunft war gerade Flut und der Split Rock war, wie wir es erwartet hatten, vollkommen von Wasser umgeben. Mit den Motorrädern wollen wir so dicht wie möglich an den Strand zum Split Rock fahren.
Auf der Kaiteriteri-Sandy Bay Road geht es in Richtung Norden durch die Berge. Mitten in den Bergen geht es auf dem Tokongawa Dri-

Kayaks am Strand vom Marahau Sandy Bay.

Der Split Apple Rock in der Tasman Bay am Abel Tasman Nationalpark.

ve bis zum Moonraker Way. Jetzt ist man schon ziemlich dicht am Strand, aber einen Parkplatz gibt es hier nicht. Die Motorräder können wir am Straßenrand abstellen. Mit einem Auto oder Wohnmobil wird es hier schon schwieriger.

Wir treffen hier Maria und Hannes aus Österreich. Hannes entschließt sich, zum Split Rock rüberzuschwimmen. Es ist nicht ganz einfach auf den Felsen zu klettern, aber er schafft es. Maria macht das schöne Foto von Hannes in

„Wild-Campen" Verboten im Abel Tasman Park

Wasser-Taxi zum Apple Split Rock in Kaiteriteri.

Es geht dann auf einem kleinen Fußweg durch den dichten Wald. Über eine Holztreppe erreicht man dann endlich den Strand. Bei Flut sind es nur wenige Schritte zum Wasser. Bei Ebbe sieht man den Split Rock über einem Haufen anderer Steine herausragen.

der Mitte des Split Rock. Die Gegend um Kaiteriteri im Süden des Abel Tasman Parks und auch die Strände von Pohora und Tata Beach im Norden des Parks, gelten auch für die Neuseeländer als eine der schönsten Urlaubsregionen der Südinsel Neuseelands.

Hannes aus Österreich auf dem Split Apple Rock. Foto: Maria Hechenberger.

27 Abel Tasman Park

Regenwald und Kajak fahren

Heute wollen wir zur Nordseite des Abel Tasman Park. Auf der SH-60 fahren wir bis Takaka und biegen dort auf die Motupipi Street ab. Dunkelbraune Schilder weisen den Weg in den Park. Weiter geht es nach Motupipi und von dort auf dem Abel Tasman Drive nach Pohara. In Pohara gibt es einige Hotels und einen Campingplatz direkt am Strand.

Dieser Ort ist ein hervorragender Ausgangspunkt für weitere Aktivitäten im Abel Tasman Park. Wir haben unser Apartment am Strand einige Tage vorher gebucht. In der Hochsaison kann es hier schon mal ausgebucht sein. Den Tag verbringen wir am Strand und im Wasser, erkunden ein wenig die Gegend und den kleinen Hafen von Pohara. Danach fahren wir an der Küste entlang zum Ligar Bay Beach und weiter nach Tata Beach.

Von Tata Beach aus ist es möglich auf dem Abel Tasman Drive in den Park hineinzufahren. Es geht sehr kurvig auf Schotterpisten hinauf durch die Berge und dann wieder bergab ans Wasser. Die „Totaranui Road" endet nach ca. 18 km beim Totaranui Campground am Strand. Der Weg durch die Berge ist einfach unbeschreiblich schön. An jeder Ecke möchte man anhalten und Fotos machen. Hier ist der Urwald

10 km kurvenreiche Schotterpiste durch die Berge im Abel Tasman Park.

völlig unberührt. So haben wir es bisher auf der ganzen Tour noch nicht gesehen. An einigen Stellen läuft Wasser aus dem Wald von den Bergen hinunter und macht die Schotterstraße weich und rutschig.

Schotterpiste durch den Abel Tasman Park.

Es gibt eine Wasserdurchfahrt. Das Wasser ist zwar nur ca. 30 cm tief, aber die runden Kieselsteine im Bachlauf machen die Durchfahrt unruhig. Da die Straße am Campingplatz als Sackgasse endet, ist der gleiche Weg zurück angesagt. Will man hier übernachten, muss in der Hochsaison vorbestellt werden. Ein Restaurant gibt es hier nicht. Die Küste des Abel Tasman Park erkundet man am besten mit einem Kanu oder Wasser-Taxi. Kanus kann man sowohl an der Süd-

Regenwald pur im Abel Tasman Park.

seite des Parks im Marahau Beach Camp oder im Norden des Parks in Tata Beach mieten. Mobiltelefone haben im Park keinen Empfang. Aber im Camping Office gibt es ein Telefon, das gegen Gebühr genutzt werden kann. Hunde sind im Park nicht erlaubt.

Eine kleine Furt durch einen Bach auf dem Weg zum Totoranui Campground.

Cape Farewell

Wharariki Beach und Puponga

Von Abel Tasman Park aus fahren wir zurück auf die SH-60 bis kurz vor Collingwood und anschließend geht es 23 km weiter auf der Collingwood-Puponga Main Rd. nach Puponga. Von dort aus gibt es noch einen Schotterweg weiter in Richtung Norden. Den kann man aber nur ein kurzes Stück befahren, denn dann beginnt das Naturschutzgebiet. Zu Fuß kann man auf der 20 km langen Landzunge am Strand entlang oder in den Dünen bis zum Ende der Landzunge gehen. Wir fahren mit den Motorrädern auf der Wharariki Road bis zum Wharарakiki Hollyday Parkplatz. Hier stehen einige

Hinweisschilder zeigen die Länge der Wege an.

Hinweisschilder, auf denen man sehen kann, wie weit es zu den einzelnen Aussichtspunkten ist. Zum Wharariki Beach ist es von dem Schild aus noch 1 km. Über den „Hill Top", bis zum Cape Farewell sind es 2,5 km Fußweg. Die Zeiten,

Wharariki Beach.

die in etwa benötigt werden, stehen auch mit auf dem Schild. So kann man sich den Tag gut einteilen. Am Strand liegen einige Robben, an die die Besucher bis auf wenige Meter herangehen können. Die Robben bleiben ruhig liegen und lassen sich nicht stören. Babyrobben soll es hier auch geben, aber wir sind wahrscheinlich zum falschen Zeitpunkt hier und sehen keine. Wir gehen zurück zum Parkplatz und fahren weiter zum Cape Farewell. Auch hier kann man nicht ganz bis an die Küste heranfahren. Es fehlen noch ca. 500 Meter bis zur Steilküste. Hier sieht man dann das unten abgebildete Cape. Dieses ist der nördlichste Punkt der Südinsel. An der Westküste gibt es von hier keine Möglichkeit auf einer Straße Richtung Süden zu fahren. Aber man kann durch die Berge wandern und für die Übernachtungen werden Hütten angeboten. Beim Department of Conservation Te Papa Atawhai gibt es hierzu weitere Informationen.

Wharariki Beach, Weg hinunter zum Strand.

Robbe am Strand von Wharariki Beach.

Cape Farewell Arch ist der nördlichste Punkt der Südinsel.

Havelock

Grüne Muscheln essen

Vom Cape Farewell fahren wir zurück nach Nelson und von dort weiter nach Havelock. Die SH-6 verläuft hinter Nelson durch die Berge – wunderschön und teilweise sehr kurvenreich. Für neuseeländische Verhältnisse ist die Straße hier stark befahren. Große LKW mit Holzladung machen das Überholen nahezu unmöglich. Die Fahrer scheinen jede Kurve genau zu kennen und fahren entsprechend zügig. An einer Stelle hat die Polizei eine Fahrbahnseite abgesperrt. Hier ist Geröll aus der Bergwand gebrochen und wird nun von Arbeitern per Hand und Schaufel freigeräumt.

Innen im Restaurant „Mussel Pott".

Über den Pelorus River führt eine einspurige Brücke. Nach 20 km erreichen wir bei Havelock wieder die Küste. Der Pelorus Sound, an dem der Ort Havelock liegt, ist ca. 50 km vom offenen Meer ent-

Geröll auf der Straße. Der Polizist regelt den Verkehr. Arbeiter räumen die Straße frei.

fernt. In Havelock gibt es das weit über Neuseeland hinaus bekannte Restaurant „Mussel Pot". Als Erkennungszeichen sieht man auf dem Dach des Hauses einen riesigen Kochtopf, der mit entsprechend großen Muscheln gefüllt

Green Lipped Mussels, geschlossen ungekocht.

Green Lipped Mussels, offene gekochte Muschel.

ist. Die Muscheln mit dem grünen Rand nennen sich „Green Lipped Mussels" und sind eine Spezialität des Hauses. Diese Muschelart gab es ursprünglich nur in Neuseeland, inzwischen jedoch auch in Australien und Tasmanien. Die Muscheln werden in den nahegelegenen Marlborough Sounds in Aquakulturen gezüchtet.

Wir bestellen die Muscheln in Weißwein-Sahne-Sauce mit Knoblauchbrot. Das Restaurant ist rustikal mit Holzstühlen und Holztischen eingerichtet.

Im Garten hinter dem Haus gibt es noch Außenplätze. Wer keine Muscheln mag, kann auf Spaghetti und Fish & Chips ausweichen.

Heino vor dem „Mussel Pot" Green Lipped Muschel Restaurant.

Picton

Fähre nach Wellington

Wir erreichen Picton am späteren Nachmittag und fahren gleich zur Fähre, mit der wir auf die Nordinsel übersetzen wollen. Einige Autos fahren bereits auf die Fähre und wir entschließen uns gleich mitzufahren. Doch es gibt keine Tickets mehr. Darüber sind wir sehr verwundert. Auf einer so große Fähre muss doch noch Platz für zwei weitere Motorräder sein? Später erfahren wir, warum das so ist. Die Motorräder werden in extra dafür vorgesehenen Halterungen mit Spannriemen verzurrt. Es werden nur so viele Motorräder mitgenommen, wie Halterungen vorhanden sind. Einfach irgendwo abstellen, ist hier nicht erlaubt. Also suchen wir uns für die Nacht noch ein Hotel und buchen die Überfahrt für den nächsten Tag. Zum Glück hatten wir in Wellington noch kein Hotel vorgebucht.

Bei unserem Stadtbummel sind wir dann ganz froh, nicht schon gefahren zu sein. Picton ist ein schöner Ort mit viel Gastronomie und einer sehr schönen Parkanlage am Hafen. Hier wachsen große Palmen, auf den Rasenflächen sonnen sich Touristen und spielen Kinder. Wahrscheinlich warten die einen auf die Fähre und die anderen sind gerade angekommen. Picton liegt an den Queen Charlotte Sounds.

Motorräder in den Halterungen auf der Interislander Fähre von Picton nach Wellington.

Hier leben Delphine, Orcas und auch Buckelwale. Kapitän Cook soll die Gegend als eine der schönsten im Südpazifik bezeichnet haben. Queen Charlotte war eine deutsche Prinzessin aus dem Hause Mecklenburg-Strelitz, die durch die Heirat mit dem englische König Georg III. zur Königin wurde. Nach ihr benannte Cook den Sound.
In einem Restaurant mit Außenplätzen und herrlichem Blick über den Hafen und den Sound genießen wir den Abend. Am nächsten Morgen geht es dann auf die Fähre. Die Motorräder werden von den Fahrern in die Halterungen gefahren und selbst festgezurrt. Dann geht es rauf auf die oberen Decks. Es gibt ein großes Restaurant und kleinere Cafébars. Nachdem das Schiff das offenen Meer erreicht hat, wird es ziemlich windig. Ab und zu sieht man Delphine, die aus dem Wasser springen und das Schiff ein Stück begleiten. Etwa dreieinhalb Stunden dauert die Überfahrt nach Wellington auf der Nordinsel.

Parkanlage in Picton am Hafen.

Queen Charlotte Sound. Der Seeweg nach Wellington.

Blick auf Picton von der Interislander Fähre nach der Abfahrt.

Cape Rein
Cable Beach
Ahipara
Waitang
Rawene
Paihia /
Kauri-Forest Waipua
Mango
Waipu Cove / Puhoi
Auckland
New
Plymouth
Taup
Mount Taranaki
Wanganui
Cape Farewell
Puponga
Otaki
Takaka
Picton
Karamea
and
Nelson
Westport
Blenheim
Pancace Rocks
Greymouth
Awatere
Valley Rd.
49
50
48
47
51
46
52
45
53
54
44
42
35
37
34
36
33
32
28
27
26
29
30
31
3
25
4
24

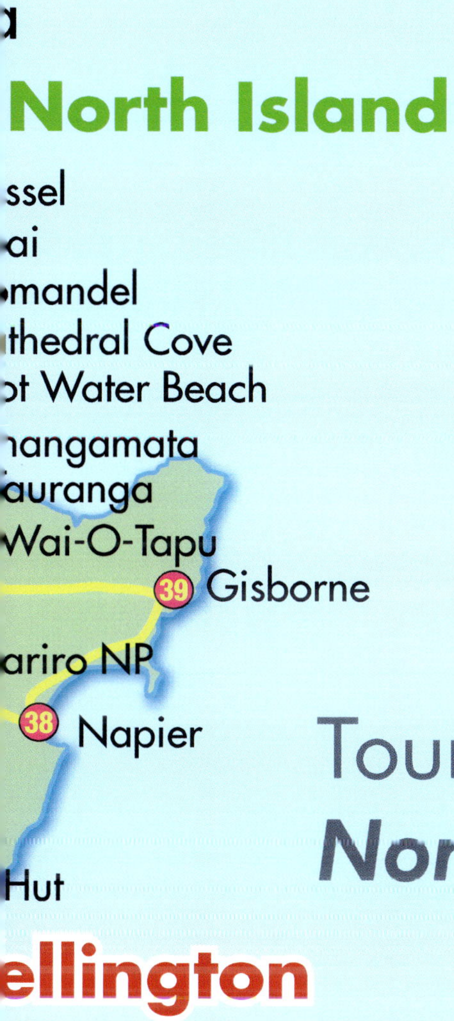

North Island

ssel

ai

mandel

thedral Cove

ot Water Beach

angamata

auranga

Wai-O-Tapu

39 Gisborne

ariro NP

38 Napier

Hut

ellington

Tourverlauf *Nordinsel*

Wellington

Hauptstadt Neuseelands

Wellington ist die Hauptstadt Neuseelands. Sie wurde 1839 gegründet und nach dem Duke of Wellington benannt. Die Stadt hat sich in den Folgejahren schnell entwickelt und ist heute mit fast 420.000 Einwohnern nach Auckland und Christchurch die drittgrößte Stadt des Landes.

Die Hauptverbindung zwischen der Nord- und Südinsel Neuseelands befindet sich zwischen Wellington und Picton. Die Fähranbieter „InterIslander Ferry" und die „BlueBridge Ferry" sind die Betreiber. Aktuelle Fahrpläne und Preise erhält man auf deren Internetseiten. Die Überfahrt dauert etwa dreieinhalb Stunden.

National Museum of New Zeeland in Wellington.

Ein Highlight in Wellington ist das National Museum Te Papa Tongarewa für Kunst und Geschichte. Es ist am Hafen zu finden.

In Miramar, einem Vorort von Wellington, befindet sich das Zentrum der neuseeländischen Filmindustrie. Hier in der „Weta-Cave"

City von Wellington. Hafenbecken mit Ruderern.

Nord- und Südinsel. Dazwischen die „Cook Straße".

kann man kostenlos einige Requisiten der „Herr der Ringe" Trilogie bestaunen. Weltweit erfolgreiche Filmproduktionen wie „Avatar" und „Der Hobbit" wurden in den Jacksons Studios bearbeitet.

Eine weitere Hauptattraktion ist die Cable Car zum Wellington Botanic Garden. Gebaut wurde die Cable Car bereits 1902. Damals noch mit Dampf betrieben, sollte der auf dem Berg gelegene Vorort „Kelburn" eine bessere Anbindung an Wellington bekommen. 1933 wurde der Betrieb auf elektrischen Antrieb umgestellt.

Vom 120 Meter höher gelegenen Gipfel hat man bei klarem Wetter einen fantastischen Blick über die Stadt, das Meer und die umliegenden Berge. Den Rückweg hinunter in die Stadt kann man gut zu Fuß zurücklegen.

Wellington Cable Car. Foto: Kerstin Bohlmann.

Wanganui

Akatarawa Road · Tararua Forest

Wir verlassen Wellington auf der SH-1 in Richtung Norden und fahren auf der SH-2 weiter bis Upper Hutt. Kurz hinter Upper Hutt geht es links ab zum Staglands Wildlife Park und Waikanae. Auf der Akatarawa Road fahren wir in die Berge. Hier oben wird die Straße einspurig und feucht. An einer Stelle sind wieder Steine aus der Felswand herausgebrochen und liegen auf der Straße.

Am „Staglands Wildlife Resort" machen wir eine Pause um Kiwis zu sehen. Leider gibt es hier keine Kiwis zu sehen, aber dafür gibt es zu den anderen Tieren einen sehr nahen Kontakt. Rehe, Schafe, Esel, Schweine, Kaninchen, Vögel vom Huhn bis zum Strauß sind anzutreffen. Am Eingang kann man Futter kaufen. Die Tiere sind so zutraulich, dass sie einem aus der Hand fressen. Besonders für Kinder ist es ein schönes Erlebnis.

Nahebei beobachten wir Holzfäller bei der Arbeit. Von einem Hubschrauber lassen sie ein Seil herunter, befestigen es oben am Baum, sägen den Baum unten ab und dann wird der Baum ein paar hundert Meter weiter zu einem wartenden LKW geflogen. Wir sind erstaunt, dass dies wirtschaftlich ist. Es geht weiter durch den Tararua Forest und bei Waikanea kommen wir wieder auf die SH-1. Parallel zur Küste geht es nach Otaki. Hier gibt

Auf der Akatarawa Road durch die Berge. Immer wieder mit kleinen Hindernissen auf der Straße.

es einen „Icebreaker Outlet". In diesem Geschäft gibt es ausschließlich Bekleidung, die aus hochwertiger Merinowolle hergestellt wird. Die Firma wurde 1994 gegründet und exportiert inzwischen weltweit. Von Züchtern in ganz Neuseeland wird die Wolle zugeliefert. Da die Schafe in großen Herden in den Bergen leben und dort frei durch Wiesen und Wälder ziehen können, ist die Qualität der Wolle entsprechend hochwertig. Und ganz im Gegensatz zu meinen Kindheitserinnerungen kratzt die Merinowolle kein bisschen. Wir decken uns mit ein paar Teilen ein und fahren weiter in Richtung Bulls. Bis zum Ort Sanson sind wir auf der SH-1, dann weiter auf der SH-3 bis Wanganui, überqueren den Whanganui River und fahren dort links in Richtung Meer.

Holzfällarbeiten per Hubschrauber

Merino Wolle im „Icebreaker Outlet" in Otaki.

Beim Wanganui Surf Club gibt es ein Parkplatz direkt am Strand. Hier werden sehr viele große Bäume angeschwemmt. Die Sonne ist noch mal hervor gekommen und bei einem wunderschönen Sonnenuntergang wandern wir den Strand entlang.

Ein beeindruckendes Bild: Strandgut am Wanganui Beach.

Oakura

Schwarzer Lavasand und viel Wind

Von Wanganui fahren wir weiter Richtung Norden auf der SH-3 bis Hawera. Die SH-3 geht hier nach rechts ab, aber wir fahren geradeaus weiter auf der SH-45 in Richtung New Plymouth.
Nur ca. 9 km nördlich von Wanganui erreicht man die „Windemere Gardens". Die Schilder „Berry Farm & Cafe" kann man leicht übersehen.
Wer frische Früchte und Fruchteis mag, ist hier genau richtig. Auch wenn es noch vormittags ist und wir nach dem ausgiebigen Frühstück noch gar keinen Hunger haben, essen wir hier ein Eis. Es wird just in time aus den tiefgefrorenen Früchten hergestellt. Echt lecker! Auf der SH-3 geht es bis Hawera, dann auf der SH-45 geradeaus weiter nach Norden. Bei Pungarehu biegen wir links ab, um dem Cape Egmont Leuchtturm einen Besuch abzustatten. Laut Navi kann man hier weiter am Wasser entlangfahren. Doch die schmale Straße ist nur ein Versorgungsweg für die örtliche Landwirtschaft. Also zurück auf die SH-45.
Am Oakura Beach machen wir wieder halt. Kurz hinter der Stadt überquert man den Okarura River. Direkt hinter der Brücke kann man links bis an den Strand heranfahren. Der Strand ist fast schwarz

Windemere Berry Farm. Hier bekommt man leckere Früchte und das von Tommi so geliebte Eis.

und besteht aus Lavasand. Es weht eine kräftige Brise von See, aber es ist nicht wirklich kalt.

Eine junge Frau spielt mit ihrem Kind im Sand. Andere gehen hier spazieren und beobachten die zahlreichen Surfer. Daher wird die SH-45 auch als „Surf Highway 45" bezeichnet. In Oakura gibt es einen Campingplatz direkt am Strand, ein idealer Ausgangspunkt für die Surfer. Trotz des starken Windes und der Wellen gilt der Strand hier als sicher. Die Region wird auch als „Blue Flag Beach" bezeichnet. Die blaue Flagge ist international ein Zeichen für nachhaltigen Tourismus und gute Wasserqualität.

Windemere Berry Farm Fruchteis, sehr lecker.

Cape Egmont Lighthouse.

Die Ausläufer des Vulkans Mount Taranaki sind von hier aus deutlich zu erkennen. Der Vulkan gilt heute noch als aktiv. Der letzte große Ausbruch war im Jahr 1854.

Oakura Beach. Schwarzer Lavastrand und eine kräftige Briese.

Mount Taranaki

New Plymouth

Weiter geht es am 2.518 Meter hohen Vulkan Mt. Taranaki im Egmont National Park vorbei.
An mehreren Stellen kann man von der Landstraße rechts abbiegen, um weiter an den Vulkan heran zu fahren. Um den Mt. Taranaki zu besteigen, fährt man am besten um den Berg herum bis New Plymouth und von dort wieder auf die SH-3 nach Süden. Bei „Egmont Village" geht es auf der Egmont Road dichter an den Vulkan heran. Zunächst erreicht man den Ort Kaimiro. Hier gibt es noch beiderseits der Straße Wiesen und Felder, danach beginnt dichter Regenwald. Anschließend sind es noch 6,5 km bis zum North Egmont Visitor Center.
Dort erfährt man, welche Wanderungen mit oder ohne Übernachtung auf dem Berg möglich sind. Eine beliebte Route ist der 17 km lange Fußmarsch „Pouakai Crossing" über den Vulkan. Wir unternehmen keine dieser Touren und sparen unsere Kräfte für den etwas längeren Weg auf dem „Tongariro Alpine Crossing".
Stattdessen fahren wir weiter nach New Plymouth. Dort wollen wir uns die Stadt ansehen und haben aus folgendem Grund dafür einen extra Tag eingeplant:
Auf der Fähre von Picton nach Wellington hatten wir Tommi kennengelernt, einen KTM Motorradfahrer. Wie üblich spricht man

Der Mount Taranaki Vulkan, 2.518 Meter hoch.

erst englisch miteinander, bis es sich herausstellt, dass er auch aus Deutschland kommt. Spontan lädt uns Tommi zu sich nach New Plymouth ein. Sein großzügiges Haus hat Gästezimmer, die er uns zur Verfügung stellt. Mit ihm machen wir eine Stadttour, sehen das futuristisch chromglänzende Gebäude der Govett-Brewster Art Gallery, dann den Hafen und den Pukekura Park. An einer Stelle des Parks kann man über einen künstlichen See oberhalb einer Brücke die Spitze des Mount Taranaki Vulkans erkennen. Tommi erzählt, dass dieser Teil des Parks extra für diesen Blick so angelegt wurde.

Tommi in seiner Küche in New Plymouth.

Brücke im Pukekura Park, New Plymouth.

Am Abend findet das WOMAD Musik Festival statt. Die ganze Stadt scheint dort hinzugehen. Das Festival findet jedes Jahr im März im Pukekura Park mitten in New Plymouth statt. Die WOMAD (Wold of Musik, Art and Dance) Foundation veranstaltet weltweit Aufführungen unterschiedlichster Kulturen. Peter Gabriel ist einer der Initiatoren des Festivals, das über drei Tage gefeiert wird.

Der Pukekura Park in New Plymouth. In der Mitte kann man die Spitze des Mount Taranaki Vulkans erkennen.

Forgotten World
Highway begins

Von New Plymouth fahren wir auf der SH-3 in Richtung Süden. Nach ca. 40 km erreichen wir Stratford und biegen auf die SH-43 ein, den „Forgotten World Highway". Für viele beginnen hier die schönsten 150 km durch Neuseeland. Eine traumhafte Landschaft. Von Stratford aus fahren wir noch durch flaches Land. Danach wird es hügelig. Überall sattes Grün. Die Straße schlängelt sich durch die Landschaft. Die Hügel sehen aus wie von einem verspielten Landschaftsarchitekten entworfen, der hier seine Fantasie voll ausgelebt hat oder als ob die Erde gebrodelt hätte, um dann von einer Sekunde zur Nächsten zu erstarren. Kein Wunder, dass hier die Ideen für sagenumwobene Filme entstehen. Hinter der Ortschaft Douglas wird es dann deutlich hügeliger. Einige Kilometer weiter erreicht man am Strathmore Sattle den ersten Aussichtspunkt, mit einem gigantischen Blick über die grüne Hügellandschaft. Hier oben sind ein paar Tische und Bänke aufgestellt worden. Gute Gelegenheit für eine Pause und vor allem, um den Ausblick zu genießen. Weiter geht es durch die märchenhafte Landschaft bis zu dem Ort Strathmore.

Wer es wirklich sehr einsam liebt, kann dort einen Abstecher nach Makahu machen. Die Brewer Road dorthin ist sehr schmal und führt

Forgotten World Highway beim Strathmore Sattle.

Beginn des Forgotten World Highways in Stratford.

durch einen sehr kleinen Tunnel. Das Hinweisschild an der SH-43 ist leicht zu übersehen. Von hier aus kann man sich zu Fuß für mehrere Tage auf dem Matemateonga Track begeben. Genaue Informationen erhält man beim „Stratford Visitor Center". Wir fahren weiter auf dem Forgotten World Highway nach Whangamomona. Der Ort besteht nur aus einer Handvoll Häuser, ist aber laut eigener Erklärung ein eigener Staat. Wir hatten schon bei den Reisevorbereitungen von dem eigenwilligen Ort gehört. Es erinnert irgendwie an Asterix. Die Menschen hier scheinen einen ganz besonderen Humor zu haben.

Der Forgotten World Highway führt durch verspielte Hügellandschaften.

36 Whangamomona

Forgotten World Highway

Am 1. November 1989 riefen die Bewohner des Ortes Whangamomona ihre Unabhängigkeit aus und gründeten damit die „Republik of Whangamomona“. Die politischen Entscheider in der Neuseeländischen Hauptstadt Wellington hatten eine neue Landaufteilung der Gemeinden beschlossen und damit die Region auf eine Weise geteilt, mit der die Einwohner nicht einverstanden waren. Also hat man eine Volksabstimmung in der betroffenen Region durchgeführt, die zum Ergebnis hatte, eine eigene Republik zu gründen. Sodann wurde diese ausgerufen und ein Präsident gewählt. Zwar hat das an den Entscheidungen in Wellington nichts geändert, aber dieser Tag der Gründung wird bis heute groß gefeiert. Aus dem ganzen Land kommen Besucher angereist, um das Volksfest zu feiern. Gegen eine Spende erhält der interessierte Besucher im Whangamomona Hotel, dem „Home of the Republik“ einen Stempel in seinen Pass. Leider erfahren wir erst später, dass wir für eine Spende von weiteren 20 Dollar sogar einen eigenen Pass hätten bekommen können.

An der Landesgrenze steht ein großes rotes Schild mit der Auf-

The Republik of Whangamomona Straßenschild an der „Staatsgrenze“.

schrift: Hier beginnt die Republik of Whangamomona.

Im Hotel, pardon – im „Home of the Republik", hängt eine große Anzahl Fotos aus alten Tagen. Zur Zeit der Goldgräber und Abenteurern war hier schon viel los. Wie gut die morgens bis 17 Uhr nachmittags an den meisten Tagen. Manchmal früher, manchmal später. Es kommt auf die Stimmung an. Na, dann ist Stress hier wohl ein Fremdwort gewesen. Auch bei der Wahl des Präsidenten hat man in Ermangelung

Stempel im Reisepass „Republik of Whangamomona".

Arbeitszeiten im Office.

Arbeitsmoral damals war, lässt sich nicht mehr feststellen. Auf jeden Fall hat man es mit den Arbeitsstunden und Öffnungszeiten nicht so genau genommen. Das alte Schild beschreibt die Zeiten so: 9 Uhr eines Freiwilligen eine kluge Wahl getroffen. Kurzerhand wurde die Ziege „Billy The Kid" zum Präsidenten erklärt. Nun wird jährlich wiederkehrend die Unabhängigkeit der Republik gefeiert.

„Home of the Republik" - das Whangamomona Hotel.

Forgotten World Highway

Von Whangamomona durch den Moki Tunnel

Die ursprünglichen 178 Einwohner bekommen jetzt bis zu 5.000 Unterstützer aus dem ganzen Land. Dafür werden sogar Sonderzüge eingesetzt, obwohl sonst in Whangamomona gar keine Personenzüge mehr verkehren. Um der ganzen Angelegenheit Wichtigkeit zu verleihen, wird am „Whangamomona Republic Day" der neue Präsident gewählt, es wird ein Gummistiefelweitwurf veranstaltet und ganz mutige können in einer Badewanne mit Aalen baden.

Selbstverständlich hat auch das an den realen Entscheidungen auf Regierungsebene bisher keinen Einfluss gehabt. In der Hauptstadt Wellington sieht man das wohl auch sehr gelassen. Aber in Whangamomona will man so lange weitermachen, bis die Forderungen erfüllt werden. So manch einer wünscht sich wohl, dass dies niemals geschehen wird. Zu schön ist das ganze Drumherum um den eigenen Staat.

Wir essen an den Tischen vor dem „House of Republic". Weitere Motorradfahrer stoßen zu uns und zu den andern Besuchern. Es herrscht hier ist ein ständiges Kommen und Gehen. Schnell ist man im Gespräch und erfährt, dass viele Einheimische diese Strecke lieben. Als ich einen der Motorradfahrer auf die recht risikoreiche Fahrweise anspreche, meint er, er hätte es schon im Gefühl, ob da jemand hinter der nächsten Kurve entgegen käme oder nicht. Bisher sei es immer gutgegangen. Hoffen wir, dass er

Whangamomona Sattle auf dem „Forgotten World Highway".

recht behält. Wir bleiben vorsichtig und nehmen die Schilder mit dem Motorrad Icon und dem Text: „High Risk Area" ernst und fahren weiter nach Tahora. Dort erreichen wir den „Moki Tunnel". Die Wände des Tunnels sind grob aus dem Fahrzeug sieht, fährt man los. Ein Fahrradfahrer ist mit uns zur gleichen Zeit an der Tunneleinfahrt. Er bittet uns sehr langsam zu fahren, damit er uns folgen kann. Drinnen ist es so dunkel, dass er Sorge hat, von einem entgegenkommenden

Einfahrt zum Moki Tunnel auf der SH-43.

Sehr dunkel und nur 4,50 Meter hoch.

Felsen geschlagen. Sie sind feucht und dicht mit Moos bewachsen. Die Holzkonstruktion an der Decke ähnelt einem Dachstuhl und schützt vor herunterfallenden Felsbrocken. Durch den Tunnel führt eine einspurige Straße. Das Ende des Tunnels ist nur schwach erkennbar. Eine Ampel gibt es nicht. Wenn man kein entgegenkommendes Fahrzeug übersehen zu werden. Er ist alleine und mit nur spärlicher Fahrradbeleuchtung im Tunnel unterwegs. Wir tun ihm den Gefallen, so erreicht er sicher das andere Ende des Tunnels. Hinter dem Tunnel geht es durch die traumhafte Berglandschaft. Ein Stück entlang des Tangarakau River haben wir kilometerlang nur Schotterpiste.

Traumhafte Landschaft auf dem Weg nach Whangamomona.

37 National Park Village

Tongariro Crossing

Endlich mal wieder Gravel unter den Rädern! Aber leider sind es nur ein paar Kilometer. Bei trockenem Wetter ist der Belag sehr gut zu befahren. Unterwegs begegnen wir keiner Menschenseele. An einem kleinen Bach machen wir halt und erfrischen uns mit dem kalten Bergwasser.

Man hatte uns gesagt, dass das Wasser nicht überall Trinkwasserqualität habe, sogar gesundheitsgefährdend sein könnte. Es gibt eine Internetseite „Lawa.org.nz", auf der man nachsehen kann, wie die Wasserqualität in den unterschiedlichen Regionen ist. Warnschilder, die vor dem Trinken und Baden warnen, soll es auch geben, wir haben aber keine gesehen. Unser kleiner Bach kommt direkt aus den Bergen. Keine Kühe und Schafe weit und breit und daher wohl auch keine Coli-Bakterien. Also genießen wir das frische Bergwasser und stellen später fest, dass es uns nicht geschadet hat. Bei unseren Reisevorbereitungen hatten wir uns darüber keine Gedanken gemacht.

Der Weg führt uns weiter nach Taumarunui. Hier endet die SH-43, der „Forgotten World Highway". Es geht weiter auf der SH-4 nach Süden über Owhango und Raurimu zu dem Ort „National Park Village", unserem Ausgangspunkt für die Tongariro Alpine Crossing Tour. Hier haben wir für zwei Tage ein Hotel vorgebucht.

Schotterpiste am Tangarakau Geog.

Forgotten World Highway SH-43 zwischen Whangamomona und Taumarunui.

Ein Stück Schotterpiste durch die Berge auf der SH-43 hinter Tahora bei Tangarakau Gorge

National Park Village
Tongariro Alpine Crossing
19,4 km Wanderung

Hier liegen noch 19,4 km vor uns ...

Für die Tongariro Alpine Crossing Tour muss man sich anmelden. Entweder die Buchung wird vom Hotel vorgenommen oder man geht vor Ort zu einem der kleinen Büros, in denen man sich anmelden kann. Wir haben die Tour über die Internetseite eines Anbieters gebucht. Grund für die Anmeldung ist die Busfahrt zum Startpunkt und die vorgeschriebene Registrierung. Ist ein Wanderer am Abend um 17 Uhr nicht am Abholparkplatz, wird eine Suchaktion ausgelöst. Daher sind die Busfahrer mit Anmeldelisten ausgestattet, um zu kontrollieren, wer am Morgen startet, und wer am Abend am Ziel angekommen ist. Sicher ist sicher!

Am nächsten Morgen haben wir strahlend blauen Himmel über

Bild unten: Ankunft der Busse am Startpunkt im Tongariro Park.

Der Mount Ruapehui ist 2797 Meter hoch. Der Alpine Crossing Weg führt hier den dem Berg vorbei.

den Tongariro Alpen. Doch es ist sehr frisch, um die 6 Grad. Mittags sollen es 12 Grad sein. Wir haben warme Jacken an und jeder einen Rücksack mit Essen und Getränken dabei. Zusätzlich eine Plastiktüte für Abfälle. In der ganzen Region gibt es keine einzige Mülltonne. Jeder muss seinen Abfall und seine Speisereste wieder mitnehmen und nach der Rückkehr am Hotel entsorgen. Die Wege auf der Tour sind sehr gut ausgeschildert. Nach

Aktuelle Wettervorhersage am Startplatz.

ca. 2 km leichter Wanderung sehen wir unser erstes Hinweisschild. Noch 17,5 km bis zu unserem Ziel, dem Ketetahi Car Park.

Die unterschiedlichen Wege sind sehr gut ausgeschildert.

National Park Village, Tongariro Alpine Crossing Wanderung

Emerald Lakes Upper Tama Lake (grün).

Emerald Lakes Lower Tama Lake (blau).

Auf dem Gipfel des Vulkans hat man einen gigantischen Ausblick auf drei Seen mit unterschiedlicher Farbe. Hier glaubt man, der Gipfel sei erreicht, von nun an geht es bergab und die Tour wird leichter. Aber wir haben uns schwer getäuscht. Auch beim „Abstieg" geht es etliche Male wieder bergauf. Hier oben geht es zunächst so steil zu den Seen hinunter, dass ich zwei mal wegrutsche und mich nur noch auf allen Vieren halten kann. Vielen anderen geht es genauso. Rechterhand geht es steil in den Vulkankater hinunter. Loses Geröll am Rand machen diese Stellen wirklich gefährlich. Erstaunlich, dass hier keine Geländer angebracht wurden.

Blick vom Emerald Lake Lookout hinunter auf die drei Seen. Einer satt grün, der andere tief blau.

Besonders beeindruckend ist der Rand auf der gegenüberliegenden Seite des Kraters. Der Fels wirkt, als wäre die Lava gerade eben noch geflossen. Der letzte Ausbruch war 1975. Trotz des bewölkten Himmels sind die Farben am Rand unglaublich intensiv. Einige der Touristen trauen sich viel zu dicht an die Kante des Ngauruhoe Vulkankraters heran. Kein Wunder, dass hier schwere Unfälle passieren oder jemand die Anstrengungen der Tour unterschätzt.

Der grüne Upper Tama Lake. Der Weg hinab ist noch sehr lang. Nur das ahnen wir hier noch nicht.

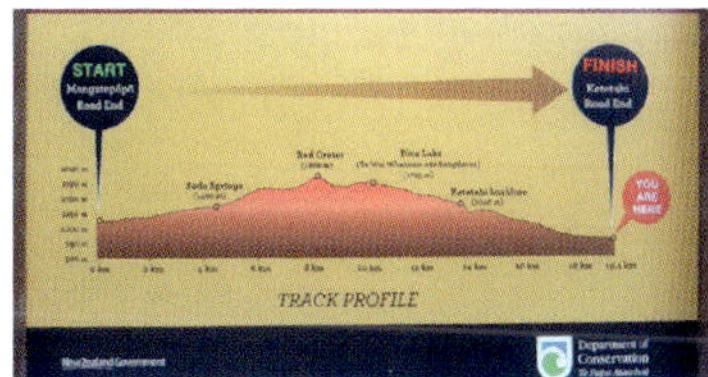

Höhenprofil der Tour.

Neben den Seen dampft es aus dem Gestein. Hier ist der Berg noch lange nicht abgekühlt.

Unmittelbar am Rand zum Vulkankrater. Loses Geröll macht es zu gefährlich weiter heran zu gehen.

National Park Village, Tongariro Alpine Crossing Wanderung

Das Wetter kann sich hier oben in wenigen Minuten ändern, eben noch Sonne, wird es plötzlich unter einer dichten Wolkendecke kühl und windig. Nachdem wir den Gipfel mit dem Vulkankrater hinter uns gelassen haben, glauben wir an eine leichteren Abstieg. Doch dieser zieht sich endlos lange hin. Zum Glück gibt es auf den vielen Schilder Kilometerangaben, an denen man sich orientieren kann. Heino hat ständig das Handy bereit, um die Kilometerangaben zu kontrollieren. Die letzten fünf km ziehen sich unglaublich lange dahin, so dass wir schon glaubten, wir hätten den falschen Weg eingeschlagen. Dann das Schild mit der Aufschrift: 700 m HIGHER RISK LAHAR HAZARD ZONE. Oben rechts die Kilometerangabe. 18 km sind wir bis hierhin gewandert, also nur noch 1,4 km bis zum Parkplatz. Unsere Füße freuen sich schon, endlich aus den Stiefeln zu kommen. Der Rucksack wird auch langsam schwer. Aber was bedeutet Lahar Hazard Zone? Später lesen wir bei Wikipedia nach. Ein Lahar ist ein sehr schnell fließender Strom aus Wasser, Schlamm und Geröll. Alles was sich ihm auf dem Weg ins Tal entgegenstellt, kann mitgerissen werden. Bei Vulkanausbrüchen sind von solchen Lahars Brücken und Eisenbahnzüge hinweggeschwemmt worden. Auch ohne Vulkanausbruch kann ein Lahar entstehen, wenn große Was-

Beginn der Higher Risk LAHAR HAZERD Zone.

Bizarre Felsformationen und riesige Lavafelder.

Endlos langer Weg durch die Hochebene.

sermassen zusammen mit Erdreich, Geröll und Felsen zu Schlamm werden und sich plötzlich in Richtung Tal bewegen. Daher auch die Warnung auf dem Schild. „Wenn Sie ein Geräusch von oben hören, nicht weitergehen". Zum Glück bleibt alles ruhig und wir kommen sicher durch die gefährdete Zone hindurch. Auf den 19,4 km sind wir an drei Stationen mit Toilettenhäuschen vorbeigekommen, Dixiklos mit Holzverkleidung auf einem Podest. Im Umkreis stehen eine ganze Reihe Wanderer, die darauf warten, dass eines der Toilettenhäuschen frei wird. Plötzlich sind die

Tongariro Alpine Toilettenhäuschen.

Wolken weg und wir haben wieder strahlenden Sonnenschein. Ein guter Mix aus warmer und leichter Kleidung ist wirklich wichtig. Und mit unseren zwei Liter Wasser pro Person sind wir gut ausgekommen.

Oben auf dem Vulkan angekommen.

Napier

Die Art-déco-Stadt

(Fotos: Kirsten Simcox Photography)

Napier ist die Art-déco-Stadt an der Ostküste Neuseelands. Im Jahre 1931 wurde die Region Hawke's Bay mehr als 3 Minuten durch ein heftiges Erdbeben erschüttert. Das Beben und die Brände, die durch das Beben ausgelöst wurden, zerstörten die Stadt Napier fast vollständig. Viele Menschen kamen uns Leben. Aber die Einwohner begannen umgehend mit dem Wiederaufbau der Stadt. Bereits zwei Jahre später war Napier zum größten Teil wieder aufgebaut. Viele Häuser in dem damals üblichen Art-déco-Stil, so das Art Deco Center, das Gebäude der National Tobacco Company, das Municipal Theater und das Daily Telegraph Gebäude in der Tennyson Street. Auch das imposante Gebäude des „Public Trust Office". Wer sich an schöner alter Architektur erfreuen kann, ist hier genau richtig.

Das Gebäude der National Tobacco Company in der Bridge Street Ecke Ossian Street.

Das Art Deco Center in der Tennyson Street. Foto: Kirsten Simcox.

Diese Häuserzeile steht an der Straße „Marine Parade“ direkt am Meer. Foto: Kirsten Simcox.

Besonders schön hergerichtet, dass Masonic Hotel, in dem auch die Zimmer entsprechend charmant ausgestattet sind. Gegenüber des Hotels befindet sich eine sehr schöne Parkanlage mit einem Pavillon für Veranstaltungen, dem „New Napier Arch“.

Das Masonic Hotel Napier in sehr elegantem Art-déko-Stil, Foto: Kirsten Simcox.

Napier – Taupo

Drei alternative Routen

Vom National Park Village hat man die Möglichkeit nach Norden auf der SH-47 direkt nach Taupo zu fahren und von dort weiter zum Wai-O-Tapu Geothermalgebiet. Das sind nur ca 50 km.
Alternativ kann man auch über Napier fahren. In diesem Falle geht es nach Süden auf der SH-4, an der Tohunga Junction auf die SH-49 abbiegen, um weiter nach Waiouru zu fahren. In Waiouru dann rechts auf die SH-1 und ca. 5 km vor Taihape links auf die Spooners Hill Road nach Mohawango.
In dem Ort gibt es ein Schild, auf dem angezeigt wird, ob die Taihape-Napier Road offen oder geschlossen ist. Ein weiteres Schild zeigt an: „This Route is unsuitable for Caravans" und „No Garage or Petrol Facilities Available". Es wird also ziemlich einsam auf den nächsten 164 km zwischen Waiouru und Napier.
In Waiouru gibt es eine Tankstelle, dann bis Napier keine mehr. Die Fahrt durch die Berge auf der kleinen geteerten Straße ist traumhaft. Aber Vorsicht: Hier können einem auch LKW begegnen, die in den Kurven die volle Breite der Straße benötigen.

Drei alternative Routen von Napier zurück nach Taupo

1. Von Napier aus kann man dann auf der SH-5 nach Taupo fahren, kurvenreiche 145 km auf der Landstraße durch die Berge.

2. Alternativ erst zum Wairoa-Distikt auf der SH-2 Richtung Norden. Dann ein kurzes Stück auf der Frasertown Road nach Frasertown. Hier beginnt der „Old Highway 38". Die schöne Straße schlängelt sich 187 km sehr kurvenreich durch die Berge.

3. Eine sehr viel längere, aber ebenfalls sehr schöne Strecke führt durch den Wairoa Distrikt auf der Tiniroto Road nach Gisborne. Die Straße schlängelt sich ebenfalls durch die Berge. Bei Te Reinga kann man die Wasserfälle des Wairora River besuchen.
Von Gisborne aus geht es dann über die SH-2 wieder durch die Berge nach Opotiki, anschließend auf der SH-2 und SH-30 nach Rotorua und weiter zu unseren Tagesziel Wai-O-Tapu.
Diese Strecke ist ca. 300 km lang. Wer noch weiter an der Ostküste entlang fahren möchte, kann ab Napier auf der Küstenstraße SH-35 über Gisborne einmal die ganze östliche Landzunge umrunden. Von Napier über Gisborne, Te Araroa, Hicks Bay nach Opotiki und von dort weiter nach Rotorua sind es ca. 700 km. Von Rotorua nach Taupo sind es dann nochmals ca. 80 km.

1 Taihape Napier Road von Taihape nach Napier

2 Old State Highway 38 von Frasertown nach Waiotapu

3 Tiniroto Road von Wairora Distrikt nach Gisborne

Taupo

Fahrt vom National Park Village nach Taupo am Lake Taupo

Huka Falls bei Taupo an der Wairakei Road.

Am nächsten Morgen geht es zurück ins Landesinnere zum Lake Taupo und der Stadt Taupo. In Taupo finden wir an der „Two Mile Bay" ein gutes Restaurant direkt am Wasser. Ein Parkplatz ist unmit-

Neben dem McDonalds Restaurant in Taupo steht ein DC 3 Flugzeug.

telbar vor der Tür. Hier frühstücken wir ein zweites Mal super lecker mit herrlichen Blick über den See Lake Taupo. Neben dem Restaurant spielen Kinder am Strand. Einige Surfbretter liegen am Wasser. Hier könnte man einen Tag extra

Zweites Frühstück am „Two Mile Bay Sailing Club".

Urlaub machen, doch wir wollen weiter nach Wai-o-Tapu, vorbei an den Huka Falls. Die SH-5 hat hier den Namen „Thermal Explorer Hwy". Das hat seinen Grund, denn hier befinden sich in einem sehr schön angelegten National Park heiße Quellen. Die Neuseeländer bezeichnen diese Attraktion als „Most colorful geothermal attraction". Die SH-5 ist zwar einer der wichtigen State Highways, aber es gibt hier nur sehr wenig Verkehr. Die Landschaft ist leicht hügelig. Wiesen und Felder säumen die meist gerade verlaufende Straße. Hier kommt man schnell voran. Straßenschilder, die vor freilaufenden Pferden warnen, sind neu für uns. Dann das Schild „Wai-oTapu Thermal Wonderland. Turn right 300 m". Genau dort wollen wir hin. Von Taupo aus sind es 51 km bis hierher. Vor dem Eingang zum Thermalpark gibt es ein Vistor Center. Der Parkplatz ist ca. 200 Meter weiter. Hier ziehen wir uns kurz um. Es ist ziemlich warm geworden und an den heißen Quellen ist es noch wärmer. Der Eintrittspreis liegt bei 32.– NZ Dollar. Kein Schnäppchen finden wir, aber es lohnt sich. Die Fotos auf den folgenden Seiten geben die Farben, wie man sie vor Ort wahrnimmt, nur teilweise wieder. Je nach Sonnenschein wirken die Farben mehr oder weniger intensiv.

Mal was anderes. Warnung vor frei laufenden Pferden.

Wai-O-Tapu
Geothermal Region

Devils Bath.

Dampfwolken über dem Champagne Pool.

Wir haben für unsere Fotos an einigen Stellen lange gewartet bis die Wolken weiterzogen, weil sie natürlich genau da ihren Schatten warfen, wo wir fotografieren wollten. In dem „Champagne Pool" steigen winzige Bläschen auf, wie in einem Champagner Glas. Daher der Name. Unter dem Boden des 65 Meter tiefen Sees entweichen Gase aus dem heißen Gestein und steigen auf. An der Oberfläche des Sees ist daher ständige eine Wolke aus Wasserdampf. Der See ist 74 Grad heiß. Der intensiv rot-gelbliche Rand entsteht durch die Übersättigung an Metalloxydverbindungen im Wasser ständig neu.

Auf dem Weg zum Champagne Pool.

Im Wai-o-Tapu Thermal Wonderland gibt es eine ganze Anzahl von Sehenswürdigkeiten. Am Eingang seht ein Schild, das auf mögliche Rundgänge hinweist. 30, 40 oder 75 Minuten lange Rundgänge werden angeboten. Der Eintritt auf das Gelände beinhaltet alle Rundgänge. Wir sind auf Rundgang 1 und 2 unterwegs gewesen. In einigen Erdspalten kann man brodelnden Schlamm sehen, an anderen Stellen steigt dichter Dampf aus dem Boden. Dort riecht es manchmal nach faulen Eiern, was von den Dämpfen aus Schwefelwasserstoff herrührt. Die „Taupo Volcanic Zone" gehört zu den am stärksten aktiven vulkanischen Zonen der Welt. Daher ist es Neuseeland möglich, auf der Nordinsel einen großen Teil der benötigten Energie aus Thermal-Energie zu erzeugen. Bereits 1958 wurde in dem Geothermalgebiet von Wairakei eine Geothermal-Energieanlage aufgebaut. Heute kann Neuseeland ca. 17 % seines gesamten Bedarfs an elektrischer Energie aus Thermalanlagen decken.

Auf der Südinsel wird viel Energie aus Wasserkraft und Windkraft gewonnen. Durch eine Kabelverbindung kann der Energiebedarf der beiden Hauptinseln wechselseitig gedeckt werden.

Obwohl die Besucherzahlen hier von Jahr zu Jahr steigen, ist es in dem weitläufigen Park nicht überfüllt. Nur an einigen bestimmten Stellen, wo alle ihre Selfies machen wollen, ist es etwas voller. „Wai-o-Tapu" bedeutet in der Sprache der Maori „heiliges Wasser".

Mud Pools mit blubberndem Modder.

Die wohl bekannteste Stelle im Wai-o-Tapu Thermalpark, der rot leuchtende Rand des Champagne Pools.

Mittelerde

Im Tongariro National Park

Im Tongariro National Park auf der Nordinsel wurden Teile der „Herr der Ringe" Filme gedreht. Aber auch bei Matamata gibt es ein Hobbit Movie Set. Hier befindet sich das Auenland mit dem berühmten Hobbit Dorf „Hobbiton".

Auf der Südinsel gibt es bei den Ashburton Lakes am Mount Sunday Summit ebenfalls einen Drehort.

Auf der Internetseite der HOBBITON Movie Set Tour werden die aktuellen Touren aufgeführt.

Wir haben die Drehorte Mantamanta und Mount Sunday Summit ausgelassen. Für Hobbit Fans ist es aber ein Muss. Den Tongariro National Park zu besuchen und den 19,4 km langen Weg über der Vulkan zu wandern, ist auch sehr schön, wenn man kein Hobbit Fan ist. Beschrieben wird unsere Überquerung des Vulkans auf den Seiten „Tongariro Alpine Crossing Tour"(Punkt 37).

Drehorte:

1. Hobbit Dorf bei Matamata, Nordinsel
2. Tongariro National Park, Nordinsel
3. Mount Sunday Summit bei Ashburton Lakes, Südinsel

Matamata: Das Auenland mit dem Hobbit Dorf Hobbiton.

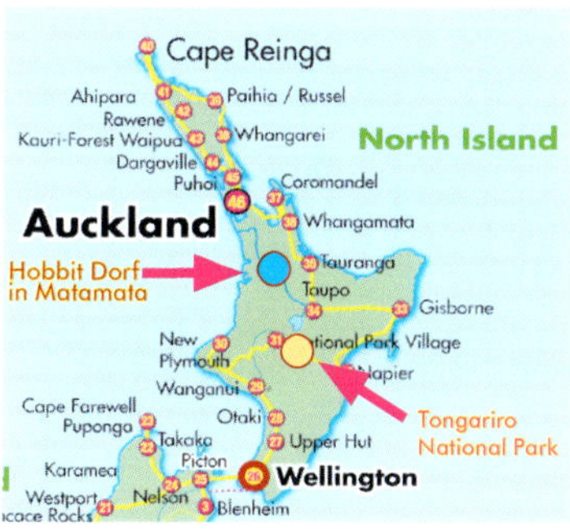

Drehorte auf der Nordinsel.

Drehorte auf der Südinsel.

Matamata

Tongariro Alpine Crossing

Mount Sunday Summit

Meine Schwester Ortrud weniger, aber mein Schwager Kay ist ein um so größerer Fan der „Herr der Ringe“ Filme. Sie haben das Dorf und auch die Filmstudios in Wellington besichtigt und waren begeistert. Zu sehen sind hier die Fotos aus dem Auenland bei Matamata. Das „Hobbiton Movie Set“ liegt an der SH-29, ca. 20 km südlich von Matamata.

Ein Hobbit mit dem Namen Kay.

Ortrud und Kay im Hobbit Film Studio Wellington.

Gedeckter Tisch. Als ob die Hobbits gleich zurück sind.

Restaurant im Hobbit Haus

Hot Water Beach

Coromandel Halbinsel

Von Wai-o-Tapu fahren wir weiter nach Whangamata und übernachten dort. An der gesamten Küstenlinie der kleinen Stadt gibt es Strand. Von der SH-25 geht es auf der Port Road bis zum Wasser. Kurz vorm Ende der Straße haben wir ein Apartment gemietet. Wir haben das Gefühl, die ganze Stadt würde nur aus Ferienhäusern bestehen. Die Beach Road führt zum kleinen Yachthafen. Hier könnte man einen ruhigen Zwischenstopp einlegen, aber wir wollen rechtzeitig zur Tide den Hot-Water-Beach erreichen. Auf der SH-25 fahren wir ca. 60 km weiter nach Norden. Im Gezeitenkalender haben wir uns informiert, wann Ebbe ist. Denn bei Flut sind die heißen Quellen fast vollständig überflutet. Daher ist es wichtig, zum richtigen Zeitpunkt dort zu sein. Etwa 2 km unter dem Strand befinden sich 170 Grad heiße Gesteinsschichten. Nur an diesem kleinen Standabschnitt tritt das Wasser aus der Tiefe mit 64 Grad an die Oberfläche. Da nur während der Ebbe dieser Standabschnitt für ca. 2 Stunden nicht vom Meerwasser überdeckt wird, ist es in dieser kurzen Zeit entsprechend voll. Kleine Spaten können für 10 $ ausgeliehen werden. Damit wird am Strand kräftig gebuddelt. Besonders Familien mit Kindern haben hier ihren Spaß. Um möglichst heißes Wasser zu finden, geht man dem leicht schwefligen Ge-

Hot Water Beach. Auch ein Surfparadies mit professionellem Surf Rescue.

ruch nach. Wo der am deutlichsten wahrnehmbar ist, steigt das heiße Wasser aus dem Boden auf. Durch kurzes Graben im Sand füllt sich die Sandgrube schnell mit heißem Wasser. So entsteht innerhalb von Minuten der eigene Whirlpool. Ist dann der „eigene" Pool fertig, legt man sich hinein und genießt die Wärme. Wird das Wasser wieder kühler, geht man einfach ein Stück

Hot Water Beach

Hier wird bei Ebbe nach den heißen Quellen gebuddelt.

Warnung vor heißem Wasser: 60 bis 64 Grad.

weiter und versucht es erneut. Daher sind die Menschen hier ständig am graben. Das ph-neutrale Wasser soll durch seine mineralhaltige Zusammensetzung auch noch gesundheitsfördernd sein. Wenn das kein Grund ist, herzukommen. Wir treffen zwei Pärchen aus Deutschland, die mit ihren Kindern auf Weltreise sind. Sie haben sich erst hier kennengelernt und die Kinder spielen ganz süß miteinander.

Hot Water Beach. Bei Ebbe wird hier täglich auf der Suche nach den heißen Quellen gebuddelt.

Cathedral Cove

Coromandel Halbinsel

Vom Hot Water Beach geht es weiter zur Cathedral Cove. Die ca. 10 km lange Fahrt über die Link Road führt über eine kleine asphaltierte Straße, beiderseits sind Wiesen und Felder, gelegentlich ein Gehöft. Bei Hahei Beach geht es links zur Cathedral Cove ab. Der kleine Parkplatz ist schon voll als wir ankommen. Ohne Gefahr einen Strafzettel zu bekommen oder gar abgeschleppt zu werden, können wir selbst die Motorräder nicht abstellen. Auf der kurvigen steilen Straße kurz vor dem Parkplatz haben viele der Anwohner „Parking" Schilder in den Vordergarten gestellt. Wir finden einen sehr netten Parkplatzvermieter, der uns schon erwartet. Denn er weiß offensichtlich schon vorher, dass der offizielle Parkplatz voll ist und die Besucher zurückkommen, um woanders einen Platz zu finden. Für beide Motorräder berechnet er den Stellplatz eines Autos. Es ist ziemlich warm geworden. Wir ziehen uns leichte Strandsachen an und gehen dann ca. 45 Minuten auf einem gut angelegten Weg hinunter zum Strand. Alternativ kann man auch von Hahai Marine Reserve mit dem Boot fahren. Auf der Internetseite von Hanei Beach werden verschiedene, sehr interessante Touren angeboten. Wir haben den Fußweg gewählt, weil wir so völlig unabhängig die Länge un-

„The Hoho Rock" am Strand Cathedral Cove. Im Hintergrund der Eingang zur „Cathedral Cove".

seres Strandaufenthaltes bestimmen können. Die Boote kommen zwar auch an den Strand, aber nach ein paar Minuten geht es dann wieder mit der Gruppe zurück. Wir verbringen hier einige Stunden. Badehose und Handtuch und eine Flasche Wasser nicht vergessen. Wenn man einige Stunden am Strand verbracht hat, fällt der Rückweg zum Parkplatz ziemlich schwer. Es geht viele Stufen bergauf und die Wasserflasche ist leer. Aber es ist ein wundervoller Tag. Von der Cathedral Cove fahren wir über Purangi, Cooks Beach und Ferry Landing weiter nach Whitianga und von dort wieder auf der SH-25 nach Coromandel. Der Ort Coromandel ist sehr klein. Es gibt einige Hotels und Apartmentvermieter und viele Restaurants. Bis spät in den Abend sitzen wir im Pepper Tree Restaurant an der Kapanga Rd. und genießen die warme Abendsonne und das gute Essen. Wir haben ein altes, aber sehr großzügiges Cottage gemietet. Das Gästehaus ist voll ausgestattet und hat zwei Schlafzimmer. Es ist halb mit Sträuchern zugewachsen. Einfach, aber sehr idyllisch.

Verschiedene Wege führen vom Parkplatz zum Strand.

Strand mit dem „Smiling Sphings Rock".

Blick durch die „Cathedral Cove" auf den „The Hoho Rock".

Mangawhai

Mangawhai Heads Beach

Nach einem gemütlichen Frühstück auf unserer Terrasse machen wir uns auf den Weg nach Mangawhai. Wir fahren auf der SH-25 direkt an der Bay entlang bis nach Thames, um bei Kopu den Waihou River zu überqueren. Bei Waitakaruru verlassen wir die SH-25 und fahren rechts ab auf die Front Miranda Rd. Es ist wieder eine kleine Straße mit Wiesen und Feldern zu beiden Seiten bis kurz vor Miranda. Dort biegen wir rechts auf die East Coast Road ab. Ohne jeden Gegenverkehr geht es direkt am Wasser entlang bis Kaiaua. Hier gibt es eine Tankstelle, bei der man auch beim Personal bezahlen kann. Zuvor hatten wir Tankstellen, an denen nur Kartenzahlung am Automaten möglich war. Wenn der dann aber gerade defekt ist, kann es bis zur nächsten Tankstelle eng werden.

Die Orte sind hier sehr überschaubar. Über Clevedon fahren wir weiter nach Papakura, dann weiter Richtung Norden auf die SH-1 und durch Auckland hindurch. Auckland wollen wir uns für die Rückfahrt aufheben, denn von dort fliegen wir später zurück nach Deutschland. Dann haben wir ausreichend Zeit, die Motorräder abzugeben und die Stadt Auckland zu erkunden. Auf der SH-1 passieren wir die Auckland Harbour Bridge und bleiben auf der Straße, um so Mangawhai schneller zu erreichen. Es gibt eine alternative Strecke über kleinere Straßen, aber davon hatten wir heute schon genug. Über Warkworth fahren wir nach Te Hana und kurz danach

Waipu Beach, 14 km nördlich von Mangawhai Heads Beach, ein endloser menschenleerer Strand.

wieder auf die Mangawhai Rd. Im Gegensatz zur SH-1, auf der im Einzugsgebiet von Auckland reger Verkehr herrscht, ist es hier auf der kleineren Landstraße wieder sehr ruhig. Mangawhai lassen wir hinter uns und fahren gleich weiter nach Mangawhai Heads Beach. Dort haben wir direkt am Strand im Holiday Park ein Apartment gebucht. Erst einmal die Badehose rausholen und ins Wasser springen. Trotz der Nähe zu Auckland ist es relativ leer. Ende März ist hier die Hauptsaison auch schon vorbei. Bereits an der Ortseinfahrt von Mangawhai Village fällt uns ein Laden auf. Dort steht ein Schild mit dem Hinweis auf die Bennetts Schokoladenfabrik. Da Schokolade oder Kekse zu unserem täglichen 5-Uhr-Tee ein unbedingtes MUSS sind, kommt uns dieser Laden natürlich wie gerufen. Leider ist er am Abend schon geschlossen. Wir nehmen den Einkauf dort für den folgenden Tag mit auf. Unsere Vorrat an Keksen und Schokolade muss immer ausreichend gefüllt sein. 5-Uhr-Tee oder Cappuccino kann es bei uns einige Male am Tag geben. Am nächsten Morgen gibt es ein reichhaltiges und selbstgemachtes Frühstück auf der Terrasse, aber zuvor ein erfrischendes Bad im Südpazifik. Den „Late check out" hatten wir am Vorabend vereinbart.

Bennetts Schokolade Werbeschild am Ortseingang.

Wir ergänzen unsere Notverpflegung mit Schokolade.

Straßenschild: Vorsicht Kiwis bei Nacht.

Paihia

Bay of Islands – mit der Fähre von Paihia nach Russel

Die Fahrt von Mangawhai nach Paihia sind gemütliche 140 km. Es geht erst auf einer kleinen Landstraße an der Küste entlang. Die Cove Rd. ist kurvig und leicht hügelig. Gelegentlich eröffnet sich ein herrlicher Blick über die Küste. Bei Waipu fahren wir rechts auf die SH-1 und weiter über Whangarei bis kurz vor Whakapara. Hier verlassen wir die SH-1 und fahren rechts auf die Russle Rd. ab.

Auf der SH-1 ist man deutlich schneller in Paihia, aber wir nehmen die kaum befahren Russell Road. Dies ist eine Schotterpiste. Von der Abzweigung sind es durch die Berge bis zur Fähre 83 km. Die Fähre von Okiato nach Opua fährt zwischen 6:40 Uhr und 22:00 Uhr alle 10 Minuten. Tickets können an Bord gekauft werden. Motorräder kosten 5,70 $, Autos 13.– $.

Von Opua sind es dann noch einmal ca. 7 km bis nach Paihia. Unser Hotel liegt direkt am Anleger der Personenfähre von Paihia nach Russell. Viele kleine Restaurants säumen die Straße auf der einen Seite. Auf der andere Seite ist die „Bay of Islands".

Wir fahren mit der Paihia-Russell Fähre auf die andere Seite der Bay nach Russell.

Die schöne Promenadenstraße „The Strand" ist eine sehr schmale Anwohnerstraße mit wunderschönen alten Häusern, Restaurants und

Promenade in Russell. Schöne alte Häuser in sehr gutem Zustand. Die Straße ist leer, die Restaurants sind voll.

Hotels. Cafés und Souvenir Shops säumen den Weg. Hier ist alles auf Tourismus ausgerichtet, aber sehr schön gemacht. Etwas weiter von dem Fähranleger entfernt findet man private Wohnhäuser. Ein Restaurant, das uns anspricht, hat eine geschlossene Gesellschaft. Also gehen wir weiter und betreten ein Fischrestaurant im ersten Stock eines der schönen alten Häuser an der Promenade. Man fragt uns, ob wir Mitglied im „Swordfish Club" seien. Dies sei Voraussetzung, um hier Gast zu sein. Da wir verneinen mussten, wurde uns ein Buch mit vorgestanzten Ausweisen vorgelegt. Nachdem wir uns selbst einen Ausweis ausgestellt und unterschrieben hatten, durften wir auf der Terrasse Platz nehmen und wurden dann sofort sehr freundlich bedient. Mit wunderbarem Blick über die Bay genießen wir unseren leckeren Fisch und sehen der Dämmerung entgegen. Die Fähre können wir beim An- und Ablegen beobachten. Die letzte Fähre um 22 Uhr nehmen wir zurück nach Paihia. Tickets können auch hier wieder an Bord gekauft werden. Ein sehr sehenswerter Ort.

Blick von der Swordfish Club Terrasse zum Fähranleger.

Das Visitor Center in Paihia am Fähranleger.

Nach einem kurzen Schauer ist es wieder trocken. Promenade in Russell.

Waitangi

Waitangi Treaty Grounds · Bay of Islands
Maori Vertrag von 1840

Von Paihia nach Waitangi sind es nur ca. 2 km. Wir fahren auf der „Te Karuwha Parade" über die Waitangi Bridge nach Norden. Ein paar hundert Meter weiter ist bereits der Parkplatz vor dem Eingang zu den „Waitangi Treaty Grounds".
Hier wurde am 6. Februar 1840 zwischen dem Vertreter der Englischen Krone, dem Governor William Hobson und 45 Vertretern der Maori-Stämme der „Treaty of Waitangi" geschlossen. Zwar waren sich die Vertreter aller Seiten über den Vertragstext einig, nur durch die Übersetzung und die daraus folgenden Unstimmigkeiten kam es später zum Streit. Das Haus, in dem der Vertrag geschlossen wurde und das gesamte Gebiet des Waitangi Treaty Grounds ist heute ein großes Museumsgelände. Von verschiedenen Anbietern werden Touren hierher angeboten. Entsprechend voll ist es für neuseeländische Verhältnisse. Bei der Bedeutung dieses Ortes ist der Besucherstrom schon angemessen. Nach ein paar Minuten haben wir bereits unsere Tickets an der Kasse erhalten und können das Gelände betreten. Es gibt unterschiedliche geführte Touren. Alternativ kann man das Gelände selbst erkunden. Es sind viele Schilder angebracht,

In diesem Haus wurde der „Vertrag von Waitangi" geschlossen.

sodass man auch ohne Guide viele Informationen erhält.
Am Abend wird eine Veranstaltung angeboten, die ein Konzert und ein Essen beinhaltet. Bei dem Essen handelt es sich um ein traditionell zubereitetes Maori Hangi-Essen. Dazu gehören verschiedene Fleischsorten, Gemüse, Brot, Salat und gedämpfter Pudding.
Das eigentlich beeindruckende auf dem Gelände ist jedoch das Haus, in dem der Vertrag unterzeichnet wurde. Es ist nicht das Gebäude selbst, sondern die Vorstellung, was sich hier vor so langer Zeit zugetragen hat. Durch die ausgestellten Dokumente wird man mit etwas Fantasie in die damalige Zeit um 1840 zurückversetzt.
Neben dem Haus des Gouverneurs steht ein Haus der Maori. Vor dem Betreten des Gebäudes, wird man gebeten, die Schuhe auszuziehen. Ca. 100 Personen können sich dort einen traditionellen Haka-Tanz ansehen. Der Tanz wirkt etwas bedrohlich. Damit sollten mögliche Gegner eingeschüchtert werden. Er drückt aber auch die Entschlossenheit und den Stolz der Maori Stämme aus.
Anschließend kann man sich mit den Maori, die den Tanz vorgeführt haben, vor dem Haus fotografieren lassen.
In einem Maori Holz-Schnitz-Studio kann die Handwerkskunst der Maori bewundern werden und man kann auch einzelne Stücke erwerben. Ein modernes Museumsgebäude auf dem Gelände gibt weitere Einblicke in die Geschichte Neuseelands.
Darüber hinaus gibt es noch einen Souvenir Shop und ein Restaurant. Im Garten des Restaurants wundern wir uns über Bewegung in dem mit Grünpflanzen zugewachsenen Teich. Dann entdecken wir, dass der Teich voll mit riesigen Aalen ist.

Das mit Schnitzereien reich verzierte Maori Begegnungs-Haus (Wharenui) auf dem Waitangi Gelände.

Waitangi

Waitangi Treaty Grounds

Hier auf dem Waitangi Gelände liegt das größte erhaltene Maori Kanu. Das Kanu, auf Maori Waka, ist unter einem Dach untergebracht, sodass es auch bei schlechtem Wetter in Ruhe betrachtet werden kann. Es wurde aus mehreren Baumstämmen gefertigt, die erst in mühevoller Handarbeit ausgehöhlt und dann kunstvoll zusammengefügt wurden. Das Kanu ist 37,5 Meter lang und bietet Platz für 76 Ruderer. Das Trockengewicht an Land beträgt 6 Tonnen. Im Wasser, wenn das Holz die maximale Feuchtigkeit aufgenommen hat, ist es 12 Tonnen schwer. Die kunstvollen Schnitzereien sind sehr aufwendig und ergeben in ihrer Gesamtheit ein beeindruckendes Bild. Da man unmittelbar an das Kanu herangehen kann, wird auch die Bauweise klar: einerseits verkeilte Holzteile und andererseits mit Seilen verknotete Teile.

Das Gelände ist sehr weitläufig. Auf der großen Versammlungswiese am Fahnenmast haben es sich einige Jugendliche gemütlich gemacht. Hier sind alle Nationalitäten der Erde versammelt. Viele Austauschschüler und Backpacker sind darunter, Familien mit Kindern und Touristen, die mit Bussen von Kreuzfahrtschiffen hierher ei-

Das größte erhaltene Maori Kanu für 76 Ruderer ist 37,5 Meter lang.

Waitangi Treaty Ground. Der Fahnenmast vor dem Haus, in dem der Vertrag mit den Maoris unterzeichnet wurde.

nen Ausflug machen. Der Blick über die Wiese auf die „Bay of Islands" ist wunderschön.
Kein Wunder, dass sich gerade hier die ersten Siedler ihr Domizil aufgebaut haben.

Bild rechts: traditioneller Maori Tanz im geschnitzten Holzhaus auf dem Treaty Gelände.

Weg zum traditionellen Maori Haus auf dem Waitangi Treaty Ground.

Cable Beach

Auf dem Weg zur Nordspitze

Langsam nähern wir uns dem nördlichsten Punkt Neuseelands. Wir fahren erst auf der SH-11 in Richtung Westen bis zur SH-10, biegen dort nach Norden ab und fahren ca. 20 km bis zur Abfahrt auf die Matauri Bay Rd. in Richtung Matauri Bay. Es ist eine sehr kleine Landstraße mit vielen leichten Kurven durch hügeliges Gelände, so richtig schön zum Entspannen. Es gibt kaum Gegenverkehr. Zwischendurch gibt es einspurige Überquerungen von kleinen Bächen.

Die Straße ist als „Tourist Drive" ausgeschildert. Teilweise hat man einen traumhaften Blick über die Küstenlandschaft. Die Straße heißt jetzt Wainui Rd. und führt uns wieder auf den SH-10. In Manganui biegen wir noch einmal von der SH-10 ab und fahren den Waterfront Drive entlang. Hier reihen sich viele kleine Läden, Restaurants und Motels aneinander. Wir tanken und trinken gleich nebenan in einem Café einen Cappuccino. Schon kurz nach der Abfahrt aus Manganui erreichen wir Coopers Beach und anschließend Cable Bay. Hier haben wir ein Appartement direkt am Strand gemietet. Die Motorräder können wir vor dem Eingang abstellen. Zum Meer sind es über den Strand nur 50 Meter. Wir fahren noch zum Supermarkt und kaufen Getränke, Lamm und Fisch. Ein Grill steht in dem kleinen Garten vor dem Haus

Mangonui Waterfront, hier trinken wir mal wieder einen Cappuccino.

und darf von den Gästen benutzt werden. Dann ein erfrischendes Bad im Südpazifik und anschließend ein gutes Essen in angenehm kühler (28 Grad) Seeluft. Ja, so kann man es aushalten.

Da unser Rückreisetermin immer näher rückt, genießen wir jeden Moment an diesem Abend besonders intensiv.

Am nächsten Morgen machen wir uns auf nach Cape Reinga, dem nördlichsten Punkt Neuseelands. Erst fahren wir auf der SH-10 bis Awanui und dann auf der SH-1 bis zum nördlichen Ende der SH-1. Von Avanui bis zum Cape sind es immerhin noch 103 km. Links und rechts der Straße sattgrüne Felder mit Rindern. Hier haben die Tiere unglaublich viel Auslauf. Die kleinen Seitenstraßen, die nach links oder rechts abgehen, sind nur auf den ersten 50 Metern asphaltiert. Dann folgt Schotter. Auf der Rarawa Beach Rd. kann man bis an den Strand fahren. An einigen Stellen gibt es über mehrere Kilometer hohe Hecken. Dann sehen wir Palmen und hinter den Wiesen mit den Rindern sind schon die ersten Sanddünen in Sicht.

Letzter Stopp kurz vor der Nordspitze Neuseelands.

Lange sehr hohe Hecken am Straßenrand.

Hier haben die Rinder viel Platz und sattes grünes Gras. Im Hintergrund die Dünen und dahinter das Meer.

Cape Reinga

Nordspitze der Nordinsel

Die SH-1 endet am nördlichsten Punkt Neuseelands auf einem Parkplatz. Hier hat man die „Parking Area am Cape Reinga Lighthouse" erreicht.
Zum Leuchtturm sind es vom Parkplatz auf einem angelegten Fußweg nur noch ein paar hundert Meter. Auf dem Parkplatz haben wir bei der Ankunft schon einige Busse mit Touristen gesehen. Doch auf dem Weg zum Leuchtturm und auf den angrenzenden Wegen verläuft sich die Menge der Besucher. Überall sind ein paar Leute, aber nirgendwo ist es wirklich überfüllt. Wir gehen noch ein ganzes Stück am Strand entlang und beobachten den Ozean. Hier treffen die Tasmanische See im Nordwesten und der Pazifische Ozean im Nordosten aufeinander. Durch eine vorgelagerte Sandbank kann bei bestimmten Wetterbedingungen der Eindruck einstehen, als würde die See kochen.
Wir fahren zurück auf die SH-1 und weiter nach Kaitaia. Anschließend geht es weiter auf der Kaitaia-Avaroa Road nach Ahipara.

Cape Reinga. Die Nordspitze Neuseelands.

Cape Reinga Leuchtturm. Hier treffen Tasmanische See und Südpazifik aufeinander.

Ahipara

90 Miles Beach und Maori am Strand

Die Küstenlandschaft ist hier leicht hügelig. Unser Apartment liegt oberhalb des Strandes und wir haben einen herrlichen Blick über den Ninety Mile Beach. Wir fragen unsere Vermieterin, wo wir noch etwas zum Essen einkaufen können. Sie fragt uns darauf, ob wir Fisch mögen. Ihr Vater sei Fischer gewesen und obwohl er längst pensioniert ist, fährt er immer noch gerne zum Fischen hinaus. Sie bietet uns zwei riesige Stücke Fisch an, die wir gerne annehmen. Dann kommt sie noch mit Gemüse, Kartoffeln und Butter.

Wir brauchten nur noch den Wein einzukaufen und haben dann ein köstliches Mahl mit einem gigantischen Blick über die Ahipara Bay. Am nächsten Morgen hören wir aus der Ferne Gesang. Es ist eine Gruppe Maori, die für Fernsehaufnahmen bei Sonnenaufgang an den Strand gekommen sind. In traditioneller Kleidung wird gesungen und getanzt. Der Tanz der Männer ist sehr ausdrucksstark. Die Augen und der Mund werden beim Haka-Tanz weit geöffnet und die Zunge ausgestreckt. Ein Ritual, das weit in die Geschichte der Maori zurückgeht. Wir haben das Glück, dabei sein zu dürfen. Bei strahlend blauem Himmel wird das schöne Licht der morgendlichen Sonne genutzt. Perfekt für die Kameraleute. Wir dürfen auch

Maorifrauen und -männer singen für Filmaufnahmen am Strand von Ahipara.

Blick von der Terrasse unseres Apartments auf den 90 Miles Beach.

Ninety Miles Beach bei Ahipara.

Fotos machen. Und zum Schluss entstehen diese exklusiven Fotos, für die sich die Maori Gruppe noch einmal extra in Pose stellt. Ein großes Highlight an diesem Morgen. Nach einem erfrischenden Bad im Meer frühstücken wir auf unserer Terrasse und verabschieden uns dann von unseren überaus freundlichen Gastgebern.

Die Maori beim klassischen Haka-Tanz am Strand von Ahipara.

Rawene

Mit der Hokianga Ferry über den Sund

Wir fahren von Ahipara weiter an der Westküste entlang. Von Herekino und Broadwood zur Kohukohu-Rawene Fähre.
Um hierher zu gelangen, gibt es zwei Möglichkeiten. Der einfachere und schnellere Weg geht entlang des Mangamuka Rivers über die Kohukohu Rd., eine gut zu befahrende asphaltierte Landstraße. Die Alternative ist die Paponga Road. Etwa drei Kilometer hinter Broadwood zweigt diese nach rechts in den Wald hinein ab. Die Abzweigung kann man leicht verfehlen, da die Straße ab hier als Schotterstraße weiterführt. Es geht gleich sehr kurvig bergauf. Links und rechts ist dichter Urwald, später auch Wiesen und Felder. 16 km geht es auf der Schotterpiste ständig bergauf und bergab. Wer diese Art zu fahren liebt, ist hier genau richtig. Unterwegs ist es wirklich einsam, nur ab und zu fährt man an Wohnhäusern vorbei.
Dann erreicht man wieder die asphaltierte West Coast Road. Hier muss man links in Richtung Kohukohu abfahren und erreicht bereits drei Kilometer vor Kohukohu die Fähre. Die kleine Fähre pendelt ständig hin und her. Für ein paar Motorräder ist immer Platz. Kassiert wird an Bord. Die Über-

Die Hokianga Ferry über den Sund von Kohukohu nach Rawene.

fahrt dauert nur ca. 15 Minuten. Gleich neben der Anlegestelle von Rawene gibt es einige Lokale. Von der Fähre kommend, fahren wir gleich links in die kleine Straße und stellen unsere Motorräder direkt vor einem Restaurant ab. Im „Boatshed Café" trinken wir einen Cappuccino und essen eine Kleinigkeit. Von der Terrasse hat man einen wunderbaren Blick über den Sund. Durch die Überfahrt mit der Fähre erspart man sich das Umfahren des Sunds. Wir fahren weiter auf der SH-12 in Richtung Westen über Whirinaki nach Opononi. Am Opononi Beach machen wir schon wieder eine Kaffeepause. Der Blick auf die Dünen am gegenüberliegenden Ufer ist großartig. Es gibt hier ein paar kleine Hotels. Etwas weiter in Omapere liegt das Copthorne Hotel direkt am Wasser. Eine gute Übernachtungsmöglichkeit, um dann als Tagesausflug oder am nächsten Tag den ca. 30 km entfernten Waipoua Kauri Forest zu besuchen.

Cafe Pause im „Boatshed Cafe" in Rawene.

Die Sunddünen gegenüber von Opononi.

Blick von der Fähre auf Rawene.

52 Kauri Forest

Die größten und ältesten Bäume Neuseelands

Wir kommen von Omapere auf der SH-12 und fahren in Richtung Süden zum „Waipoua Kauri Forest". Auf der Internetseite des „Department of Conservation New Zealand" kann man aktuelle Informationen erhalten. Die beeindruckenden Kauri-Bäume im Waipoua Forest sind bis zu 2000 Jahre alt. Der bekannteste Baum ist „Tāne Mahuta". Er ist über 50 Meter hoch und hat am Boden einen Umfang von ca. 13 Metern. Damit ist er der größte bekannte Kauri-Baum. Bevor man das besonders geschützte Waldgebiet betritt, geht man vom Parkplatz durch eine Schleuse. In dieser Schleuse reinigt man zuerst seine Schuhe durch am Boden angebrachte Bürsten. Anschließend geht man über ein Metallrost, das sich durch das Betreten nach unten bewegt und dadurch einen Sprüh-

Größter Baum „Tāne Mahuta", über 50 Meter hoch.

Eingang vom Parkplatz zum Kauri Forest. Mit „Waschanlage" für die Schuhe.

mechanismus auslöst. Auf diese Weise werden die Schuhsohlen desinfiziert. Die Kauri-Bäume sollen so vor einem Befall der Wurzeln mit der „Kauri dieback Disease" geschützt werden. Die Wege durch den Wald sind teilweise mit Bohlen ausgelegt, die wiederum mit Maschendraht belegt sind, um bei feuchtem Wetter ein Ausrutschen zu verhindern. Links und rechts sind Zäune oder Ketten angebracht, sodass die Besucher nicht von den Wegen abgehen können. Man tut hier also alles Mögliche, um den Wald und speziell die Kauri-Bäume zu schützen. Obwohl hier relativ viel Aufwand betrieben wird, ist der Besuch des Waldes kostenlos. Im Eingangsbereich hat man die Möglichkeit, Geld in eine Spendenbox zu werfen. Eine weitere Besonderheit sind die „Four Sisters". Hier stehen gleich vier der Kauri-Bäume sehr dicht beieinander. Um alle diese besonderen Bäume anzusehen, sollte man einige Stunden einplanen. Der Weg von einem zum anderen Kauri-Baum ist teilweise recht lang. Dazu regnet es im Regenwald von Zeit zu Zeit. Passend dazu wurden wir zum Schluss noch klatschnass. Wir verbringen hier bestimmt 3 Stunden, die sich wirklich gelohnt haben. Auch beim Verlassen des Waldes werden wieder die Schuhe gereinigt.

Wichtig: Nur auf dem Parkplatz am Eingang gibt es Toiletten. Im Wald gibt es keine.

Angelegte Wege durch den Waipoura Kauri Forest.

Kauri Forest: die „Four Sisters" Bäume.

Waipu Cove · Puhoi

Letzte Station vor Auckland

Vom Waipoua Forest fahren wir weiter südwärts auf der SH-12 nach Dargaville. Wer Lust hat, kann hier rechts auf die Baylys Coast Road abbiegen und dann nach ca. 10 km auf der Seaview Rd. direkt auf den Strand fahren. Von Dargaville geht es für uns weiter auf der SH-14 nach Whangarei. Wer Schotterpisten liebt und genug Zeit hat, kann auch eine der vielen Nebenstraßen nehmen. Das dauert jedoch deutlich länger. Es ist hügelig und voller Kurven. Wenn es trocken ist, staubt es sehr, was für den nachfolgenden Fahrer bedeutet, ausreichend Abstand zu halten. Bei Nässe oder starkem Regen wird die Tour schnell zur Rutschpartie.

Die Landschaft ist hier wunderschön und man begegnet fast keinem Menschen. Motels oder Apartments sucht man hier vergebens. Wir fahren weiter an die Ostküste zum „Waipu Cove" Strand. Hier haben wir wieder sehr dicht am Wasser ein Apartment gemietet. Es gibt ein sehr schönes Restaurant an der Cove Road, in dem wir am Abend essen. Bevor wir am nächsten Morgen zurück nach Auckland fahren, um unsere Motorräder abzugeben, wollen wir unseren letzten Abend noch mal richtig genießen und bleiben sehr lange am Strand. Als es vollständig dunkel ist, können wir deutlich die Milchstraße erkennen. Wir legen die Kamera und die Handys

Noch einen letzten kleinen Umweg zum Orewa Beach.

auf den Boden und machen Fotos mit 30 Sekunden Belichtungszeit. Das Ergebnis sind schwarze Bilder mit kleinen weißen Punkten und etwas Nebel. Die kann man zwar nicht gebrauchen, aber es macht Spaß, es auszuprobieren. Für den

Waipu Cove Beach.

nächsten Morgen haben wir ein late check out vereinbart. So können wir vor dem ausgiebigen Frühstück noch einmal im Südpazifik schwimmen gehen. Dann packen wir ein letztes Mal unsere Taschen in die Motorradkoffer und fahren über Mangawhai Heads und Te Arai auf Nebenstraßen zurück nach Warkworth auf die SH-1.

Von Warkworth sind es dann noch ca. 17 km auf dem Highway nach Puhoi. Hier ist der „Puhoi Pub", von dem man uns berichtet hat. Natürlich legen wir dort noch einmal einen Zwischenstopp ein. Der Pub ist wirklich sehenswert. Wir essen

Puhoi Pub mit vielen Motorrädern vor der Tür.

Seafood mit Salat und Pommes und hinterlassen unsere Visitenkarten zwischen Hunderten anderen Visitenkarten an der Wand. Das scheint hier Brauch zu sein. Mal sehen, ob sich jemand meldet. Nun sind es auf der SH-1 nur noch 45 km bis Auckland. Aber wir finden noch einen lohnenswerten Umweg entlang der Küste.

Puhoi Pub Hotel & Stables. Erbaut 1879. Ein sehr uriger Pub mit vielen Andenken an den Wänden.

Auckland

Rückgabe der Motorräder bei Kiwi Motorcycles

Am Nachmittag erreichen wir Auckland. Der Motorradverleih „Kiwi Motorcycles Rentels" liegt in einer Gewerbestraße nahe der Kreuzung SH-1 und SH-18 am Rosedale Park.

Der Mechaniker erwartet uns schon. Wir hatten 16 Uhr abgemacht und sind 15 Minuten vorher da. Nur keine Minute der kostbaren Zeit verschenken.

Das übliche Durchchecken der Motorräder dauert nur ein paar Minuten. Mit den Maschinen gibt es keinerlei Probleme. Nachdem alles aus den Motorradkoffern ausgeladen ist, bringt uns der Mechaniker schon unsere Reisekoffer. Diese hatten wir in Christchurch bei der Anmietung der Motorräder dort zurückgelassen. Während wir mit den Motorrädern unsere Tour gefahren sind, hat sich Kiwi Mortorcycles darum gekümmert, unsere Koffer nach Auckland zu versenden, ein super Service für wenige Dollar und im Mietpreis der Motorräder ist das Taxi zum Hotel in Auckland City bereits enthalten.

Bis unser Taxi kommt, klönen wir noch eine Weile mit dem Techniker. Anschließend werden „unsere" Motorräder noch einmal gründlich durchgesehen, alle notwendigen Servicearbeiten werden gemacht, denn ab dem nächsten Tag sind die Motorräder schon wieder vermietet. Bei Kiwi Motorcycles sind alle gängigen Reifen vorhanden. So kann auch noch ein Reifenwechsel

Rückgabe oder Übernahme der Motorräder bei Kiwi Motorcycles in Auckland.

vorgenommen werden, wenn das notwendig sein sollte. Die Werkstatt ist bestens ausgerüstet. Auch eine Hebebühne ist da. Nicht nur das Montieren unser aus Deutschland mitgebrachten BMW Navigator 5 und 6 ging zu Beginn unsere

Unsere Super Tenere XT 1200 Z mit 80,9 kw (110 PS).

Eine große Anzahl von Leihmotorrädern steht bereit.

Reise ohne Probleme. Auch das Kabel für den elektrische Anschluss wurde in Christchurch mit Kabelbindern professionell gesichert und wird hier wieder demontiert.

Unsere Fahrt hatte in Christchurch mit der Honda Africa Twin und der BMW 1200 GS begonnen. Wir haben dann auf die Honda NC750x gewechselt. Die Honda hat von den gefahrenen Motorrädern den günstigsten Mietpreis. Anschließend sind wir auf die Yamaha Super Tenere XT 1200 ZE umgestiegen.

Welches Motorrad am geeignetsten ist, muss jeder für sich entscheiden. Die Africa Twin ist für mich auf weichem Schotter und Sand etwas handlicher als die BMW. Da wir zuhause auch R 1200 GS fahren, sind wir mit der BMW besonders gut vertraut und würden sie wieder auswählen. Damit sind wir auch auf ISLAND gereist.

Unser Buchtipp: „Mit dem Motorrad durch ISLAND".

Voll ausgestattete Werkstatt. Hier kann man auch sein mitgebrachtes Navi montieren lassen.

Auckland

Die größte Stadt auf Neuseeland

Nachdem wir unsere Motorräder bei Kiwi Motorcycles abgegeben haben, fahren wir mit dem Taxi in die City von Auckland. Es geht zurück auf die SH-1 und über die Auckland Harbour Bridge nach Auckland Downtown. Das Grand Millennium Hotel liegt sehr zentral. Mit dem Leihfahrrad oder auch zu Fuß kann man von hier die City von Auckland gut erkunden. Wir mieten uns Fahrräder, weil wir so sehr an zwei Räder gewöhnt sind.

Am Abend gehen wir durch den Hafenbereich zum „Viaduct Basin". Hier liegen Segelboote und Luxusjachten und rundherum findet man zahlreiche Restaurants für jeden Geschmack. Auch die Schiffe, mit denen man auf Whale Watching Tour gehen kann, liegen hier. Einen gigantischen Ausblick über das ganze Stadtgebiet und die umliegenden Berge und den Pazifik hat man vom 220 Meter hohen Skytower. Oben gibt es ein Restaurant und ein Café. Das Ticket für die Fahrt mit dem Fahrstuhl auf die Aussichtsebene kostet 29 NZ Dollar pro Person. Von hier oben sieht man erst, wie viele Segelboote es in Auckland gibt. Die 1,4 Millionen Einwohner scheinen alle segelbegeistert zu sein. Auf dem Rückweg zum Hotel begegnen wir immer mehr Motorrädern.

Das „Viaduct Basin" in der City von Auckland. Blick in der Abenddämmerung auf die Yachten.

Bei unserem Rundgang kommen wir in eine Straße, in der jeden Monat ein Motorradtreffen stattfindet. Es gibt keine erkennbare Organisation. Die ganze Straße ist voll mit Motorrädern und die Fahrer, Beifahrer und Besucher unterhalten sich. Wir kommen auch schnell ins Gespräch und erfahren, dass wir auf unserer Tour so viel gesehen haben, dass selbst Einheimische vieles davon noch nicht kennen. Einer, den wir dort kennenlernen, hat sich gerade die Aprilia V4 1100 mit 129 kW (175 PS) gegönnt. Einen großen Teil der Strecken, die wir gefahren sind, wird er mit dem Schmuckstück wohl kaum fahren.

Jetzt heißt es für uns leider Abschied nehmen und zurück ins Hotel zu gehen, um die Koffer zu packen. Am nächsten Morgen geht es sehr früh zum Flughafen und dann zurück nach Hause. Nachdem wir beim Concierge unsere Fahrt zum Flughafen gebucht haben, setzen wir uns auf dem Dach in die Hotelbar und genießen einen letzten Blick über die Stadt.

Motorradtreffen in der City von Auckland.

Stolze Besitzer der neuen Aprilia Tuono V4 1100.

Auckland City mit dem Skytower und dem Yachthafen, gesehen von der Harbour Bridge.

1. Die Extratour:
Awatere Valley Road

2. Die Extratour:
Nevis Road · Nevis Pass

Blenheim

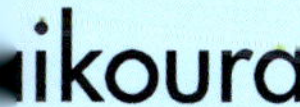

Hanmer Springs

istchurch

ss

ass Rd.

Cromwell

dpazifik

Garston

1. Extratour (EX)
Awatere Valley Road
von ● Blenheim nach
● Hanmer Springs

2. Extratour (EX)
Nevis Road · Nevis Pass
von ● Cromwell
nach ● Garston

Awatere Valley

Von Blenheim nach Hanmer Springs

Ca. 21 km südlich von Blenheim oder ca. 2 km nördlich von Seddon an der SH-1 trifft man auf die Awatere Valley Road. Als wir im Februar an die Abfahrt kommen, ist die Awatere Valley Road ab Molesworth bis Hanmer gesperrt.
Ellen und Dirk, Freunde aus Hamburg, sind hier im November gewesen und hatten mehr Glück. Sie konnten die ganze Strecke von Seddon bis Hanmer Springs fahren.
Die Awatere Valley Road beginnt bei Seddon mit ca. 26 km als asphaltierte Straße. Danach geht es ca. 80 km auf der Gravel Road zu dem kleinen Ort „Avatere Valley". Dieser hat nur ein paar Häuser. Aber es gibt eine kleine Landbahn, die bei Google als „Molesworth Airport" bezeichnet wird. Eine Wiese und einige kleine Gebäude, aber für kleine Flugzeuge reicht es. Der Weg führt jetzt weiter durch die Berge zum Acheron River. Kurz danach, noch vor dem Saxton River, ist das Molesworth / Muller Gate, Saton Hut Track. Ab hier ist die Straße eventuell gesperrt. Daher macht es Sinn, das „Road Closed" Schild an der SH-1 ernst

ROAD CLOSED von Molesworth bis Hanmer Springs.

Awatere Valley Road.

zu nehmen. Sonst muss man hier umdrehen und den ganzen Weg zurückfahren. Es geht weiter über den Saxton River. Nach weiteren 10 km geht es über den Severn River. Hat man diese Flüsse überquert, geht es am Ufer des Acheron River 35 km südwärts zur Überquerung des Clarence River. Nach weiteren 11 km erreicht man die Abzweigung links auf die Jollies Pass Road. Von hier geht es 10 km durch Berge und Wälder nach Hanmer Springs.

Der Ort Hanmer Springs besteht vorwiegend aus einstöckigen Gebäuden. Die SH-7A führt mitten durch den Ort und endet hier. Wer es über die Awatere Valley Road bis hierher geschafft hat, kann sich jetzt ausgiebig in dem schönen Hanmer Springs Thermalbad erholen. Es gibt verschiedene Pools mit unterschiedlichen Temperaturen zwischen 36 und 42 Grad. Motels gibt es in Hanmer Springs zwar jede Menge, aber auch Touristen gibt es viele. Daher macht es Sinn, rechtzeitig ein Zimmer zu buchen, wenn man hier übernachten will.

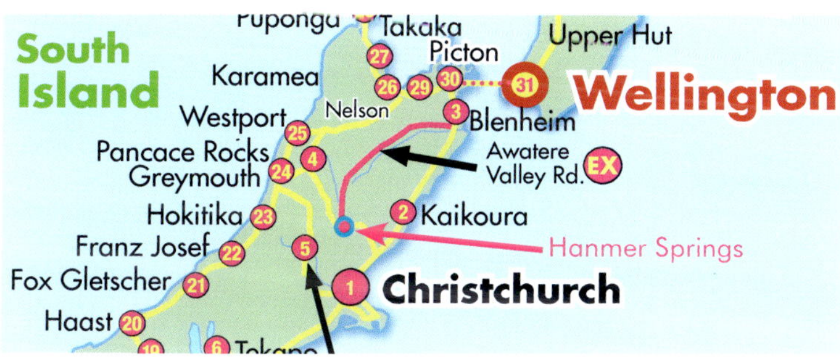

Awatere Valley Road beginnt bei Blennheim und endet bei Hanmer Springs.

Awatere Valley Road.

Nevis Road

Nevis Pass · Ellen & Dirk

Die Nevis Rd. ist die höchst gelegene Straße Neuseelands. Sie beginnt im Norden bei Cromwell. Eine große Attraktion in Cromewell ist der „Highlands Motorsport Park". Hier kann man auf einer Rennstrecke selbst mit Gokarts fahren oder in einem Ferrari mitfahren.

Zur Nevis Rd. geht es ca. 10 km auf der Bannockburn Road in Richtung Süden. An der Abzweigung Hawksburn Rd. beginnt dann die Nevis Road. Sie verläuft in Richtung Süden und trifft bei Garlston wieder auf die SH-6.

Wer die Strecke fahren möchte, sollte sich vorher mit dem Fahrzeugvermieter darüber verständigen, ob die Strecke befahren werden darf. Einige Vermieter schießen die Nevis Road aus. Das bedeutet, man hat keinerlei Versicherungsschutz, wenn man sie trotzdem befährt.

Wer bei Kiwi Motorcycles Rentals nachfragt, wird wohl die Erlaubnis bekommen, hier fahren zu dürfen. Schäden an der Maschine werden vor und nach der Mietzeit genau dokumentiert.

Der Schwierigkeitsgrad ist ausschließlich vom Wetter abhängig. „Affected by Adverse Weather" steht auf dem Hinweisschild. Hat es wochenlang nicht geregnet, führt der Fluss kaum Wasser und die Furten sind leicht zu durchfahren. Die Gravel Road hat zum größten Teil griffigen Belag. An

Einige Furten sehen auf den ersten Blick harmlos aus. Lose Steine und unverhofft tiefe Stellen belehren uns aber.

einigen Stellen ist es loser Schotter oder auch mal feiner Sand.
Ellen und Dirk sind die Nevis Rd. bei gutem Wetter gefahren. Obwohl es nur ca. 60 km durch die Berge geht, sollte man früh losfahren und den ganzen Tag

Die höchste Passstraße Neuseelands mit 1.300 Meter.

für die Tour einplanen. An dem höchsten Punkt auf dem Pass ist man 1.300 Meter hoch. Hier kann es schon mal ganz schön kalt und windig werden.
Außer ein paar Abenteurern oder einem Farmer begegnet man hier niemandem. Handyempfang gibt es auch keinen. Man ist also tatsächlich ganz auf sich selbst gestellt. Das bedeutet, ausreichend Proviant und Getränke mitnehmen zu müssen.
Kurz vor Garston erreicht man dann das „Nevis-Road-Suthern-

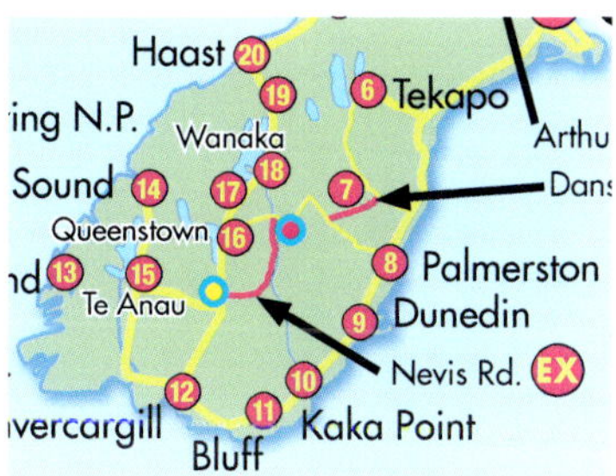

(16) Queestown, Cromwell, Garston.

End-Gate". Dann hat man es geschafft. Um wieder zur ursprünglichen Tour zurückzukehren, geht es dann bei Garston auf die SH-6 nach Kingston.
Es folgen anschließend sehr schöne 50 km am Lake Wakatipu entlang nach Queentown.

Traumhafte endlose Weite und über viele Kilometer sehr gut zu fahrender Weg entlang des Nevis River.

Impressum / Quellenhinweis:

Motorrad Reisebuch Verlag
Hamburg

Druck: O&M Bornemann GmbH
Wehlbrook 1
22143 Hamburg
Verlag: O&M Bornemann GmbH
Autor: Marcus Bornemann

Quellenhinweise Texte und Fotos

Texte: Marcus Bornemann
Heino Helmcke
Jürgen Grieschat
Ellen & Dirk Heidecker

Fotos: Marcus Bornemann
Heino Helmcke
Dirk Heidecker, Ellen Heidecker
Rainer und Kerstin Bohlmann
Napier Fotos: Kirsten Simcox
Invergargill: City Council Invercargill
Maria und Hannes Hechenberger, AUT

Kartografie Marcus Bornemann
Heino Helmcke

ISBN Nr. 978-3-9819443-1-0

Trotz sorgfältiger Recherche aller Beteiligten können sich Fehler eingeschlichen haben. Dieses bitten wir zu entschuldigen. Wir können dafür keinerlei Haftung übernehmen. Möchten Sie als Leser sachdienliche Hinweise, Ergänzungen oder Kritik an uns weitergeben, schreiben Sie uns bitte unter:
bornemann@wehlbrook.de

Danksagungen an:

BMW Niederlassung Hamburg, Presseabteilung,
für die Präsentation der Bücher
ISLAND und NEUSEELAND

BMW Motorrad Stüdemann, Hamburg,
für die ständige Hilfsbereitschaft.

Rukka Bekleidung.
Besonders Matthias Kroner für die hervorragende Beratung bei der Auswahl der Motorradbekleidung.

Detlev Louis.
Für die Unterstützung beim Vertrieb des Buches.

Besonderen Dank an:
Heino Helmcke
Jürgen Grieschat
Ellen Heidecker, Dirk Heidecker
Angela Reinhardt (Schlussredaktion)

Printed in Germany

Unsere Ausrüstung:

Trotz der klimatischen Unterschiede zwischen Island und Neuseeland sind wir mit der gleichen Ausrüstung gereist, dem Rukka Realer Anzug. Nur den Daunenanzug zum Drunterziehen haben wir zu Hause gelassen. Stiefel der Marken Vanucci und Daytona von Detlev Louis. Technik: BMW Navi VI und Shoei NeoTech Helm mit Sena Kommunikation.

Globale Vernetzung im Supermarkt: Neben Rotwein aus Neuseeland finden wir Kiwis aus Italien!

Reisebuchempfehlung:

Soft Cover
Taschenbuch ISLAND.
ISBN: 978-3-9819443-0-3

Online bestellen bei:
www.MotorradReisebuchVerlag.de
bei Amazon
oder bei allen Buchhandlungen